新版

北海道をマーケティングする

輸出専門商社である「北海道株式会社」の設立を願って

MARKETING HOKKAIDO

黒田重雄［著］
KURODA SHIGEO

中西出版

本文挿絵

しらと ふみよ

新版　北海道をマーケティングする

―輸出専門商社である「北海道株式会社」の設立を願って―

目　次

第3章　北海道はどうなっているのか

第4章　これまでの北海道への提言にはどのようなものがあったか

第5章　経済活性化策を成功させた事例

第6章　私の提言・北海道をマーケティングする

はじめに

本書は学術書ではありません。中々盛り上がらない北海道経済をどうしたらよいかについて、これまで約三〇年間にわたり私が考えてきたことの説明であることをあらかじめお断りしておきます。

新型コロナウイルス感染症の蔓延があり、仕事のリモート化が始まり、東京オリンピックがあって、北海道にも多大の影響を及ぼしました。

札幌オリンピックの応募も中止となり、北海道新幹線も札幌延伸が遅れることが発表されております。現在は、ＪＲ北海道の路線廃止や高齢化の進展との関係で、バスなど公共交通の在り方が問題となっています。

一方で、明るいと言われるニュースもあります。先端半導体の国産化を目指すという会社「ラピダス（Rapidus）」の千歳進出が決まっています。

かつては、産業クラスター構想（北海道産業クラスター）に期待を掛けたことがありましたが、現状では、それほどの成果を上げているようには見えません。今また、「ラピダス」進出で盛り上がっているように見えますが、識者の間では、過大な期待は慎むべきだとの意見が多いようです。

現在、世界では各地で戦争が頻発し、日本では各地で地震に見舞われ、石油問題から始まったと思われる円安と諸物価高騰で悩まされています。

北海道にとって、今やることは、観光振興だけなのか

一般には、北海道の産業構造では、第二次産業の劣性と第三次産業の肥大化がいわれています。そのことから、今日の北海道経済の停滞の原因として、とりわけ、製造業・鉱工業部門の不活性化が取り上げられています。

そのためもあり、従来から〝観光に力を入れるべし〟がモットーとされてきました。北海道観光は、インバウンドの観光に力を入れ、一時中国人観光客の爆買いなどで伸びてきましたが、ここへきて中国発の新型肺炎の蔓延と東京電力福島における処理済み汚水の海への放流による不買運動で日本の農産物は大打撃を受けています。このように観光はみずものと受け取っていた方がよいという印象も出ています。

では、観光にかかわるものが何かあるのでしょうか。

そう考えたとき、従来、アーカイブと考えられなかった産業について考えてみるべきことに突き当たります。流通産業のことです。

流通業には、商業や運送業などが入ります。従来からあまり日の当たらなかった産業分野ですが、

北海道にとっては、これからもっとも力を入れなければならないのではないかというのが、筆者の考えであり、その点を強調したいというのが本書を出版する目的です。

平成一九年発行の『北海道をマーケティングする』の「はしがき」では、以下のように書きました。

本書は、これまでもそうでしたが、日本の一方の極にあり、特殊な地域に位置づけられている北海道の活性化の方向性について私見を述べてみたものです。そして、ふと思い立って、「はしがき」を他方の極にあって同じ扱いを受けている沖縄で書いてみようと思いました。

道都札幌はかなりの寒さでしたが、沖縄本島の日中は太陽の日差しが暑く感じられます。飛行機で三時間の日本の南北両極端に位置する地域の気候はこんなに違うのに、同じものがあることを考えます。「自然の美しさ」と「経済状態の悪さ」です。

沖縄には、歴史も伝統もありますが、何といっても自然の美しさは抜群です。筆者が道産子であるから殊更そう感じるのかも知れません。さまざまな色調の青さを持つ海に感動してしまいます。ホテルから見る海は、かつて行ったことのあるニューカレドニアの海にも勝るとも劣らない素晴らしい眺望と感じます。沖縄には、首里城や今帰仁城跡など世界遺産が九つもあります

北海道も観光では引けを取りません。沖縄にいたとき、同じ青でも違ったコントラストを示しながら広く果てしなく続く空と海を眺めながら、ふと北海道の一面雪で覆われた白銀の世界を思い浮かべてしまいましたが、知床も世界自然遺産に入りました。

大分前、経済地理が専門で世界中を回っているある老教授がもらした感想に、北海道ニセコ周辺や中山峠から洞爺湖へ抜けるときの景色はヨーロッパの観光一等地に匹敵しますね、と言っていたのを思い出します。確かに、昨夏、バス旅行した際の阿寒から旭川へ抜ける道路の左右の景色には思わず驚嘆の声を何回も発してしまいました。

両地域の観光を比較すると、沖縄の「海を中心とした柔らかさの美」に対し、北海道の「内陸の景色を中心とした厳しさの美」にあるのではないかと感じます。現在の気候の所為でしょうか。

こうして、日本でも名だたる観光地を有する両地域も、経済状態となると日本でも最低の方となります。世の中、いざなぎ景気の期間を上回ったと言われるほどですが、北海道民にはその実感が湧いてきません（沖縄県民も多分そうだと思います）。なぜなのでしょうか。両端の住民まで好景気が行き渡るにはもう少し時間がかかりますので、それまで我慢して下さいなのでしょうか。

北海道では、家計の収入が減っていく状況に鑑みて、これからも悪くなる一方ではないのかという声もあります。

とにかく、今、北海道は大変です。これまでも大変でしたが、ついに夕張市が財政破綻して、その感を一層強くしております。他の市町村も続々追随してきそうな気配も感じます。日本の中でも北海道だけが取り残されていくのではないかと感じているのは筆者だけではないでしょう。

今までは国が助けてくれました。しかしこれからは地方や地域が自助努力でやりなさい、という考え方に変わっています。今更そんなことできるわけないじゃないか、と叫んでも何の効果もないという状態になっています。では、ただ北海道地域は財政破綻を宣言するだけでラクになるのでしょうか。私は個人的にはそういうことはない、明るい未来はあると考えています。ただしその場合、これまでやってきたことの延長線上では駄目で、一般には前提とされている、北海道を形作っている根底の部分、仕組みや構造の考え方を変えていかなくてはなりません。とはいえ、北海道独立論を語ろうというのではありませんので、その点あらかじめご承知置き願っておきます。

私は、経営学の一分野であるマーケティングを研究しています。この立場から本書において、北海道をどうすればよくなるかということについての私見（提言）を述べてみたいと思っています。と言いますのは、近年、「地域経営」という言葉がでてきているからです。ビジネスの経営手法を地域改革や地域発展に生かしてはどうかということのようです。筆者は、大学で経営学部に所属し、学部や大学院でマーケティングを講義しています。その関係か、最近、地域を活性化させるために「経営やマーケティング手法の導入を」といった書物や雑誌記事が目に付きます。しかし、実際にそうしたものを読んでみますと「ビジネス感覚を持つべし」とか「マーケティング手法を採用すればよくなる」といった思い込みに拠る場合が多いような気がします。

筆者は、これまでも、北海道をどうするかについて、いろいろ考えてきました。その都度論文や講演会でその考えを披露してきました。それらについてのご批判やご意見も数多くの方から頂戴しております。

本書における私の提言は「経済活性化」と「街づくり」の二つです。つまり、北海道の将来を考えるとき、この二つの問題に集約できるのであり、また、この二つの問題を効果的に解決することなしに、北海道の将来はないと思っています。
そして、以上を総合すると「北海道をマーケティングする」となります。
二〇〇七年三月　時に雪も降り、まだまだ肌寒い札幌に思いを馳せながら
黒田　重雄

「薑桂《きょうけい》之性《せい》」ということ

最初の『北海道をマーケティングする』の発行から一七年経ちましたが、自分としては現在もこの気持ちは変わっていません。

「薑桂之性」（年老いて気性がますます強固になる、持って生まれた性質はなかなか変わらないという「宋史」由来の四字熟語）に過ぎないとか、「年寄りの冷や水」とか言われようと、これまでの自説を曲げないつもりです。

再び、本書でその点を新しく得た資料などを加えて述べてみたいと思っています。大方の叱声を頂ければ幸いです。

令和六年五月　例年になく早く桜が咲いた札幌にて
黒田　重雄

第1章

北海道の今

1―1

やはり地域格差はある

民間シンクタンク「ブランド総合研究所」（東京）は、令和五年の都道府県魅力度ランキングを発表しました（注1―1）。

北海道が一五年連続の首位。二位は京都府、三位は沖縄県で、五位まで昨年と同じでした。茨城県は令和三年以来の最下位となっています。市区町村では、「札幌V3」でした。

また、札幌市民の方も「札幌が好きだし住み続けたい」が、大半という調査結果もあります。札幌市の「市民意識調査」でも、市民の「街愛着度」を聞いていますが、「好き」が、九六％ですが、それも「二九歳以下が最も高く、九八・一％、次いで五〇歳代の九六・九％」となっています（注1―2）。

しかしながら、札幌は、今後も「住み続けたい街であり続けられるのか」を考えると、そこに多くの疑問点が浮かび上がってきます。一番大きな問題は、やはり札幌市内住民の高齢化の進展です。しかし、これは単なる札幌市民の高齢化の進展ではなく、いずれ北海道内の住民の半分以上が札幌に住むことになると言う付帯事項がついています。

このことは、札幌市にとんでもない異次元の問題を投げかけているという説もでています。

札幌オリンピック開催が断念され、北海道新幹線の延長がストップし、相変わらず不採算路線が廃止される一方で、明るい話題として、半導体企業ラピダスの千歳市進出が連日のように報道されています。

これまでは、北海道観光活性化が第一と考えられ、北海道の魅力発信が主だったように感じております。しかし、一時爆買いなどで好調だった観光も、新型コロナウイルス禍と東京電力福島第一原発事故によってインバウンドの観光客がストップしてしまい、経済に大打撃を与えました。観光は「みずもの」という印象もあらわれて、観光だけでは北海道経済は立ち行かないという機運も生まれました。

では、北海道経済活性化策には何があるのでしょうか。これまでの考え方の一つに企業誘致がありました。

最近では千歳市にでた「ラピダス」があります。世界的な半導体競争激化の行方や道内における一極集中問題などが予想され、まだ完全に先を見通せない状況にあります（注1—3）。

中国の一七工場を筆頭に、世界では五六工場が動いている実態をマスコミでも解説されています。ラピダスの例でも分かりますが、これまでの北海道内の産学官の考え方の底流には他力依存心があるようです。これまでどちらかというと自力での活性化策は、「観光」以外ほとんど見られないのです。

令和三年二月、北海道出身の評論家で札幌市の市政アドバイザーの寺島実郎氏が、今後の「札幌のまちづくりを考えるシンポジウム」で講演を行っています（注1—4）。

北海道の最大の問題は、時代認識や新たな時代変化に対する感度が鈍いことであると言えます。伝統的に中央依存・官依存の意識が定着しており、主体性に欠ける印象を受けます。自身でプロジェクトをまとめ上げる力が弱く、前提としての情報感度も鈍いと感じます。

北海道は、古くは石炭、今は農業といった一次産業のベースキャンプとして日本を支えており、食・農のポテンシャルは高いです。また、北海道大学、札幌医科大学は日本でも最先端の研究を行っており、アカデミズムの領域も全国的に見て高いレベルと言えます。

重要なのはそれらをコーディネートし、一つのプロジェクトとしてまとめ上げていく力です。「ポテンシャルはあるんだけど」とため息をついている場合じゃなく、プロジェクト化していく努力・取組が求められます。

北海道も自力の経済活性化策が必要であると言いたいのです。

これを書いている最中に、令和三二年時点の北海道全体や市町村人口がどうなるか、について新聞が大きく取り扱った記事を出しています（注1―5）。

そこでは、令和三二年には、「道民人口は、三八二万人となるが、そのとき、六五歳以上人口は四二％に」という見出しも付いています。そして、今から二〇数年後には、北海道の人口の四六％が札幌に住むようになることを示しています。

また、後に検討されるように、その札幌の人口の四〇％は六五歳以上の高齢者となるということです。つまり、生産年齢層の劇的な減少です。この状態で、一体全体誰が札幌経済を支えていくのか、という問題を投げかけています。結局、札幌では、少子高齢化に付随して数々の問題が噴出することが想定されるのです。

（1）生産年齢人口が少なくなる（少なくとも前期高齢者は生産年齢人口に加えなければならなくなる。高齢者の職はどうなるのか、外国人の就労を推進する必要もある）。

（2）高齢の一人暮らしの人々がますます増大する。

（3）現在の札幌市の公共交通体系を考え直す必要がある。

などです。

また、「消滅可能性自治体」の新聞記事も出ています。民間組織「人口戦略会議」が発表した「消滅可能性自治体」などの報告書は、大都市に人口が集中し、全国の四割、道内の六割超の自治体が消滅の危機にある厳しい現実を浮き彫りにしています（注1―6）。

1—2

夕張市の財政破綻

夕張市の財政破綻

北海道経済全体が沈滞ムードの中で、平成一九年に夕張市が財政破綻しました。同市が発表した財政再建計画をみていると、市民には、これから、ますます苛酷な日々が待ち受けているという印象です。

累積赤字額をおよそ三五三億円（市民一人当たりおよそ二一二万円）とし、これを平成一九年度から一八年間で解消するというもので、年度ごとの返済は単純計算で約二〇億円となります。

このため、歳入の方では、市民税、固定資産税、軽自動車税が軒並み増税し（これらは全国一になるといわれています）、下水道使用料、各種検診料なども値上げします。その上、ごみ処理手数料も新設します。これらがすべて実行されれば、四〇歳代夫婦の四人家族世帯（年収四〇〇万円）では、年間で一六万五八八〇円の負担増となり、六五歳以上の一人暮らしで、下水道施設のない住宅に住んでいる年金生活者でも、四三四〇円の負担増になるとの試算も添えられております。

また、歳出の方では、市職員の大幅削減や賃金カットが盛り込まれ、そこでの職員の給料は、全国の市町村で最も低い給与水準になります。市営病院も公設民営の診療所とし、病床数も大幅に減らします。図書館・美術館の閉鎖、小学校・中学校の統廃合（最終的には一校とする）など公共施設の維持補修費も大幅削減する予定にしております。こうして、市による公共サービスは、最低限必要なものに限られると予想されます。

そして、夕張市議会は、平成一九年二月二八日、臨時本会議を開き、地方財政再建促進特別措置法に基づく市の財政再建計画案を原案通り承認しましたし、総務省は、三月六日に夕張市の財政再建計画に同意しております。

夕張市が財政破綻に至った原因が、夕張商工会議所のウェブサイトに以下のようにまとめられています。

「炭鉱閉山後の社会基盤整備」
「行政体制の効率化の遅れ」
「観光施設過大投資」
「歳入の減少」
「財務処理手法の問題」

同市はかつて石炭産業を基幹産業として発展しましたが、相次ぐ炭鉱災害およびエネルギー変革によって、二四か所の大手炭鉱が次々と閉山。人口も平成一七年には一万三〇〇〇人と、一九六〇年代と比べて約九分の一まで激減しました。そのため、新たな基幹産業とするため観光等の基盤づくりを短期間で仕上げましたが、これが財政構造を極度に悪化させてしまいました。さらに、これら財源の大部分を地方債に依存したため、公債費が多額となり財政の硬直化の要因となっています。

そして、夕張市議会は、平成一九年二月二八日、臨時本会議を開き、地方財政再建促進特別措置法に基づく市の財政再建計画案を原案通り承認しましたし、総務省は、三月六日に夕張市の財政再建計画に同意しております。

北海道夕張市サイトに「借金時計」八〇億円の返済期限あと三年に迫る

北海道夕張市はウェブサイト上で「借金時計」を公開し、公債の返還状況を随時知らせています。借り入れた再生振替特例債の残額は、令和六年一月一七日現在で、八〇億円足らず。償還終了年月は、令和九年三月となっております。

再生振替特例債の期限は、令和九年三月で、残り三年余りですが、「計画どおり償還できる見通しです」と市は答えています。根拠として、財政再生計画を策定した平成二一年には三二一億九九〇〇万円を借り入れ、翌二二年に四億五三〇〇万円、二三年に四億八〇〇〇万円を償還。二五年からは市の予算から公債費の歳出として二五億円程度を充て、返還計画を立てて予算を組んできている。

そのため、「計画通りに進めば令和九年三月までに償還できる」と説明しております。

【図表１―１】

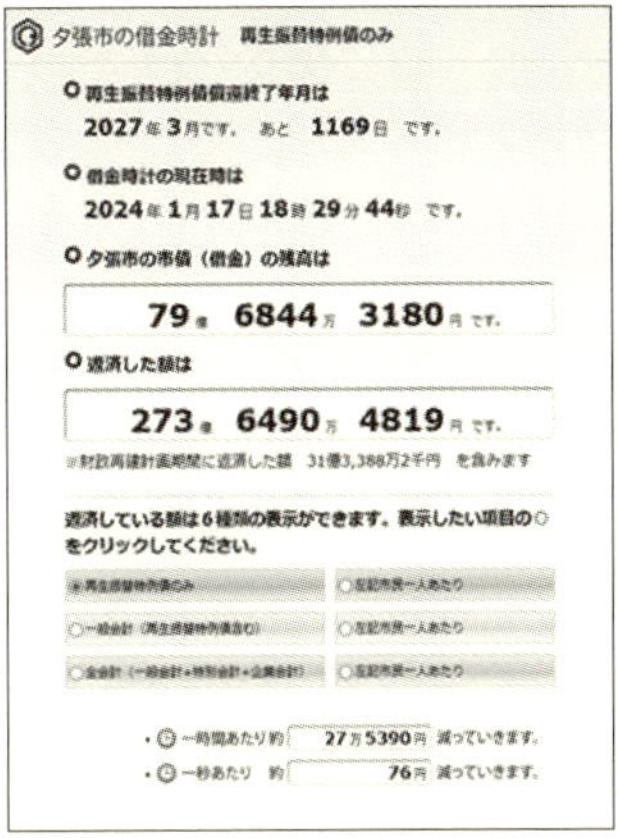

また、借金時計では一般会計二一一億円、全会計二三一億円といった市債が表示できます。これらの償還できる見通しは、どうなのでしょうか。

市財政課は、公債費返還の予算を得るために、人件費や物件費、維持補修費などの見直しを図っていることを説明。同市が立てた令和五年度の財政再生変更計画書の資料を参照しながら、公債費歳出の令和一一年までの計画を立てているとしております。

「借金時計」は、夕張市が抱える市債の状況を市民に分かりやすく知らせる目的で公開しています。同市は財政再生団体であるため、再生振替特例債の残高とともに、各会計の市債残高を表示しています。なお再生振替特例債とは、財政再生計画終了までに返済しなければならないと法律で認められた自治体の借金のことです（図表１―１）。

夕張の財政再建計画の問題点

夕張市の再建計画については、全国民が驚嘆したと思いますが、同時に、計画の細部では各方面からいろいろな問題点が指摘されています。もともと、高齢化と過疎化が進行しており、人口は減少傾向にあったのですが、破綻を発表して以降、その流れは加速しています。夕張市から住民の転出がはじまっています。その結果、誰が税金や負担を払うのかという問題がでてきています。残る人たちは転居したくてもできない高齢者や低所得層だけかもしれないからです。実際、すでに同市の市民の約四割は六五歳以上で、しかも現時点の市民税すら払えない世帯が少なくないといいます。

また、これまでの地域の将来計画では、どちらかというと人口を多めに設定した上で計画を立てていましたので、実際にはそれほど人が張り付かないということで、計画も失敗に終わるケースが多かったと考えられるのですが、夕張の財政再建計画では、令和六年の人口を、平成一八年度末現在の一万三六〇〇人に対し、約七三〇〇人と非常に低めに見積もっておりますが、今度は逆にそんなに減るのかという懸念が表明されております。出ていきたくない人もいるでしょうが、出たくても出れない人が相当数いると考えられるからです。

しかし、それにつけてもこの計画における一番の問題は、歳入をより増大させる道筋が見えてきていないことだと考えております。つまり、やることは、歳出をどんどん減らしていきながら、毎年一八億円を捻出し、二〇年間で三六〇億円の借金を返済していこうとしているだけのように見えるからです。

歳入増大策なしの徹底的な歳出削減計画案といっても過言ではないと思います。

現在（令和六年）の夕張の厳しい状況が新聞で報道されています（注1—7）。

また、民間組織「人口戦略会議」が発表した「消滅可能性自治体」の報告書に基づいたと思われる最新の「消滅する市町村」名が雑誌に公表されました（注1―8）。

それによりますと、北海道には、一七九の自治体がありますが、そのうち一一七自治体が消滅するとなっており、夕張もかなり上位に位置しております。こうなりますと、借金が返済し終わっても、結局のところ、消滅してしまうのでは、何のために過酷な状況を耐えてきたのか分からないということになりかねません。

北海道経済は、全国的な回復基調にもかかわらず一向にその兆しが見えてきません。それどころか、出口が見いだせないまま、ますます悪くなっていくようです。一方で進行しているといわれる経済格差拡大の地域版かも知れません。

沖縄は観光に力を入れていると聞いていましたが、泊まったホテルは県と名護市と民間の三者による第三セクターで建てられたリゾート形式のホテルということです。ここで沖縄サミットも開催されたと聞きました。筆者には、沖縄は、もともと基地と漁業と観光の地であるという先入観がありましたが、近年、特に観光に力を入れていると聞いておりましたので、その一環であろうと納得した次第です。

しかしながら、沖縄経済の方も、一向に良くならないようです。総務省統計局の「家計調査」（調査結果の北海道分、令和五年（二〇二三））によりますと、勤労者一世帯当たりの一か月の実収入は、令和五年で、北陸地方の六六・二万円に対して沖縄地方は三九・〇万円と約六割に満たないのです。北海道地方は、五七・六万円です。

後で詳しく説明しますが、こんなに格差があって、全国一律好景気ということはあろうはずもありません。北海道だって沖縄よりマシとして済ますことはできないでしょう。

夕張だけが特別ではない

現在、夕張には、いろいろなところが手を差し伸べています。加森観光はレジャー施設の運営を引き受けました。また、ニトリ（株）は、夕張の人々に元気になってもらおうと桜と紅葉の苗木（成木を含む）を合わせて二万本寄付するとしております（『北海道新聞』、平成一九年二月一一日付朝刊）。

しかし、北海道にある市町村の場合、夕張市だけが特別ではなく、続々追随市がでてきてもおかしくない状況にあります。それどころか北海道全体もよくありません。道も夕張には、三五〇億円貸与するといっておりますが、そんな余裕ある状態ではないようです。

この調子で行きますと、北海道は、桜と紅葉の木で埋め尽くされかねません。（これも良いかも知れませんが）

一方では、自治体や企業の破綻の責任を当事者になすりつけることが行われております。

例えば、夕張がこうなったのは、かつての中田鉄治市長の放漫財政運営の付けがここへきて噴出したものという声があります。筆者も今から四〇年程前に在職当時の市長に会っております。テレビで放映する北海道大学放送講座―北海道経済の地平をさぐる―の収録のためにインタビューしたときです。これからの地方経済の活性化のために何が必要かということの好例として夕張を紹介するためでしたが、その時の印象は、話しぶりからも活力が漲っており、(当時の)これだけの夕張の活性化はこの人がいるからだ、こういう首長を持った市民は幸せだな、でした。

夕張が破綻した現在、筆者はこう考えております。アイディア市長との異名のあった、これほどの市長がいろいろ試みてきたことが結果的にだめになったのには他に理由があるのではないか、つまり、北海道には何か活性化を抑える、あるいは足を引っ張る要因があったのではないかということです。

北海道拓殖銀行(拓銀)の場合も同じです。拓銀の放漫経営による破綻のお陰で企業の倒産が相次ぎ、北海道経済が立ち直れなくなったという説があります。拓銀も、北海道の地場企業に活力を持たせるため(俗な言い方ですが)一生懸命やっていたように思います。そこで、筆者はこう考えます。拓銀という北海道における唯一都市銀行だった金融機関が破綻してしまうような要因が北海道には存在しているのではないか、です。

もし、そういう要素・要因があるのであれば、道・自治体や企業がいくら経済活性化のための手を打ってもよくなる道理がないことになります。

1-3

北海道は何とかならないのか

沖縄もいろいろ言われていると思いますが、北海道も外野席が喧しいです。北海道は何をやっているのかと。北海道には資源もある。道民にはパイオニア精神がある。やる気になれば何かあるはずだ。現代は公共投資や補助金の時代ではない。かつて、何とかしたいのだがと相談する道の政策担当者に、ある大手商社の札幌支店長が「日本のフロンティアは北海道しかありません、道民は黙っていていいですよ、日本中で助けますから」と言っていた時代とは違う。知恵を絞りなさい、と。また、こんなアイディアがあるがどうか、と。

北海道から出て行った人たちの叱咤激励も数多くあります。

個々の市町村が悪いから北海道全体が悪いのか、北海道が悪いから個々の市町村が良くならないのか。

一つの考え方として、個々の地域が良くなると、全体が良くなるということはあります。実際、この考え方に基づいて実行されてもいます。かつての一村一品運動、現在の地域ブランド化や地域産品ブランド化運動、街づくり運動などです。しかしながら、筆者としては、現行の仕組みをそのままにして、それらの考え方を実行・実施に移しても良くならないと考えています。

第1章の注と参考文献

（注1―1）「北海道 魅力度一五年連続トップ―市区町村は札幌V3―」『北海道新聞』、二〇二三年一〇月一五日（朝刊）、20面。

（注1―2）札幌市「令和四年度第三回市民意識調査」

（注1―3）「半導体で補助金競争：世界が工場誘致に躍起」『週刊東洋経済』、二〇二四年四月二〇日号、pp.68-69。「高成長と高年収企業がぞろぞろ！ 半導体一六〇社図鑑」『週刊ダイヤモンド』、二〇二四年四月二〇日号、pp.24-69。

（注1―4）寺島実郎（二〇二二）「SAPPORO UPDATE 今後の札幌のまちづくりを考えるシンポジウム基調講演概要」：https://www.city.sapporo.jp/kikaku/vision/vision2/symposium/index.html（二〇二三年一一月一七日閲覧）。

（注1―5）「二〇五〇年道民三八二万人―二〇年比二六％減 六七市町村半数以下―」『北海道新聞』、二〇二三年一二月二三日付（朝刊）、1面。

（注1―6）『北海道新聞』（電子版）、二〇二四年四月二四日。（二〇二四年五月三日閲覧）。

（注1―7）「孤立極まる夕張本町―都市集約、スーパー閉店追い打ち―」『北海道新聞』、二〇二四年一月二二日付（朝刊）、2面。

（注1―8）「最新版 消滅する市町村 七四四全リスト」『中央公論』、二〇二四年六月号、pp.16-59。

第2章

北海道はどういう歴史をたどってきたのか

2-1

明治以前の北海道は交易中心地域だった

北海道経済の方は各方面の努力にもかかわらず、好転のきざしは見えてきません。こうした状況の中で、最近、筆者は北海道経済が好転しない原因の一つに「明治期の北海道開発」があるのではないかと考えるようになっています。つまり、各方面のこれまでの北海道経済活性化策は、意識するか否かは別にして、明治期の開発の考え方や開発の実践を引きずっているのではないかということです。

明治期以前の北海道はもっと道外や海外との交流・交易（貿易）は盛んでした。今日、今一度そのころに思いを起こし、現在の状況を改善する考え方や手立て（方式）を模索してみる必要があるのではないかということです。

この点について本章では、北海道の歴史を検討する中で明らかにしてみたいと思います。

桑原真人・川上淳（二〇〇八）『北海道の歴史がわかる本』によると、北海道は、道外とは違った歴史を持っています【図表2—1】（注2—1）。

北海道人は、遠距離交易意識はなく、ましてやビジネス感覚は乏しくて、道外との取引など念頭になく、道内に篭もって生活していたのでしょうか。そして、北海道では、明治に入って屯田兵な

【図表２―１】北海道と本州における時代・文化の違い

年　代	時代（本州）	北海道の文化
10000	↑ 旧石器時代	↑ 旧石器時代
400	縄文時代	縄文時代
200 BC / AD 200	弥生時代	続縄文時代
400	古墳時代	続縄文時代
600 — 645	奈良時代	擦文文化／オホーツク文化
794 — 800 / 1000	平安時代	擦文文化／オホーツク文化
1185 — 1200	鎌倉時代	擦文文化
1393 — 1400	室町時代	アイヌ文化
1573	桃山時代	アイヌ文化
1603 — 1600	江戸時代 ↓	アイヌ文化 ↓

（出所）桑原真人・川上淳（2008）『北海道の歴史がわかる本』、亜璃西社、p.11。

どによる開拓時代を経て、ある程度の経済力がついてから、本州などとの交易が始まったのでしょうか。

明らかに間違いです。今でこそ、北海道では明治開拓期がクローズアップされて、開拓者精神が言われていますが、北海道における古代の人々は、もっと外向けに活発に活動しており、また、かなり遠くの人々（外国）と交易していたのです。

千数百年前から交易を行っていたとする説が有力です。つまり、「弥生時代」にまで遡るというものです。例えば、アイヌ文化に先立つと見なされている擦文文化期がそれです。

ところで、縄文文化期の後から、七世紀以前まで、続縄文文化期と続きますが、『日本書紀』に阿倍比羅夫「蝦夷」を討つ、との記述が見られるといいます。

また、北海道の先住民は、七世紀頃、東アジアの商品経済圏に足跡をしるしていたという書物も出ています（注2―2）。
同じく、加藤博文氏（二〇一二）も、講演で、同様のことを述べています（注2―3）。

［講演趣旨］

北海道は、ユーラシア大陸の東岸であり、環太平洋の西岸に位置する日本列島の北部の島です。日本列島を中心に見れば、サハリン島とともに大陸からのヒトと文化の流入路であり、北方的な文化圏に属します。しかしより広く北太平洋の視点から見ると、そこには、旧石器時代から民族形成段階にまで続く広大な北方文化圏の一部を構成しています。ここに暮らした集団の歴史的動態、その文化的特性は完新世の環境変動の中において、島と海洋環境に適応したユニークな持続可能な採集狩猟システムであったことが明らかになりつつあります。

本報告では、北海道の先史文化を北ユーラシアおよび北太平洋沿岸文化として見ることを通して、国家史とは異なる先住民族に連なるもう一つの人類史の世界を紹介します。

これらを総合すると、北海道の文化は、縄文文化の後は、続縄文文化、擦文文化、オホーツク文化に区分されていますが、北海道の先住民は、七世紀頃、東アジアの商品経済圏に足跡をしるしていたことは明白となります（注2―4）。

では、縄文時代はどうであったのか。紀元前一二〇〇〇年前の中空土偶や恵庭の織物は、北海道独自のモノか、交易で得たモノか、どこかのものを真似して作ったモノか、といった問題点は残っています。

北海道の擦文文化期（オホーツク文化期）（七世紀～一二世紀）は大体奈良時代後期から鎌倉時代前期あたりに当たっています（注2―5）。

アイヌ文化期（一三世紀～一七世紀）は鎌倉時代後期から室町戦国時代（江戸時代前期）までに当たっています。

日本における商（ビジネス）の活発化の時代は、鎌倉・室町・安土桃山・江戸初期と続きますが、その時期、北海道ではほぼアイヌ文化期に相当しています。アイヌ文化期のころ、貿易は活発に行われていたことになります（注2―6）。

では、なぜ、北海道には弥生時代がないのか。

北海道における稲作の起源とされるのは、江戸時代の貞享二年（一六八五、第五代将軍綱吉の時代）となっています（元禄時代に先立つ）。

それまでは、漁業が中心でした。産業構造も水産業がほとんど一〇〇％でした（注2―7）。北海道での少なくとも明治期前期までの主要産業は、漁業でした。近世以来のニシン漁を中心とした漁業であり、道民の多くは、出稼ぎ者（季節労働者）を含めて漁民でした（注2―8）。

2—2

北海道の産業構造形成の歴史

明治の開拓と商業——北海道では何故商業が不活発になったのか、については、黒田（二〇一〇）も書いています（注2—9）。

これまで見てきたように、幕末期・明治初期以前までは少なくとも交易は活発でした。明治八年（一八七五）からの生産価格表示による産業別生産額の比率の推移（比率）の表があります【図表2—2】（注2—10）。明治二八年ぐらいまでは水産業が圧倒的です。

明治三三年（一九〇〇）あたりから農業に逆転されています。

これは、明治中期までは北海道日本海沿岸でニシ

【図表2—2】産業別生産価格の推移（比率）

年　次	農業	畜産業	林業	水産業	鉱業	工業	合計(%)
1875	4.6			95.0	0.1	0.2	99.9
1880	4.2			95.3	0.4	0.1	100.0
1885		13.3		82.0	4.6	0.1	100.0
1890		12.1		72.7	3.9	11.2	100.0
1895	20.2	0.5	0.3	49.6	15.0	14.4	100.0
1900	35.9	0.7	2.5	31.9	14.3	14.6	99.9
1905	38.6	1.7	5.5	22.2	14.2	17.8	100.0
1910	42.5	1.3	8.7	22.9	9.3	15.2	99.9
1915	35.9	1.6	7.6	21.7	7.0	26.2	100.0
1920	24.1	2.0	9.8	19.3	14.8	30.0	100.0

●斉藤　仁「旧北海道拓殖銀行論」農林省農業総合研究所　1957／P20～21
●伊藤俊夫編「北海道における資本と農業」農林省総合研究所　1958／P8
●逸見謙三「北海道の経済と農業」御茶の水書房　1982／P97
●原資料は「北海道庁統計書」＊原表を一部修正した
●1895年から農業の分類が細分化されている。

（関秀志・桑原真人・大庭幸生・高橋昭夫(2006)『新版・北海道の歴史下』、北海道新聞社、p.115。）

ン漁を始めとして、北海道の水産業への依存率は高かったことを示す資料であり、また同時に発展した水産加工業が、北海道の工業の基盤ともなっていたことを証明するものになっています。

北海道経済史を研究する中西　聡教授も、明治前期には三井・三菱等の巨大資本が政府の保護によらずに国内市場で経済活動を活発化させたが、とりわけ北海道のニシン魚肥市場へ積極的に進出し大きな利益をあげたことが特筆されると述べています（注2―11）。

2-3 水産業の発達と松前藩

北海道の水産業の発展にとって、松前藩の存在は大きいと考えられます。
『北海道大百科事典　下巻』（昭和五六年（一九八一）七月、北海道新聞社）によると（注2―12）、「松前藩」とは、
北海道の松前を本拠に蝦夷《えぞ》地を領有した外様《とざま》の小藩。藩主は松前氏。松前氏の祖武田信広は、一四五七年（長禄元）のコシャマインの蜂起《ほうき》鎮定を契機に事実上道南諸豪族の指導的地位を確立し、第二世光広は本拠地を上ノ国から大館（松前）に移し、檜山安東氏から蝦夷地支配権を公認されて政治的基盤の第一歩を築き、第四世季広の代に西は上ノ国、東は知内を境に和人専用の領域としての和

人地を創定することによって、中世蠣崎《かきざき》政権＝和人政権の最終的な確立をみた。かかる政治経済的基盤を背景にして、第五世慶広の時、一五九三年（文禄二）豊臣秀吉から蝦夷地交易の独占権を安堵《あんど》され、続いて一六〇四年（慶長九）徳川家康から蝦夷地交易の独占権を再確認されて一藩を形成した。この間慶広は、一五九九年（慶長四）氏を松前と改め、翌一六〇〇年福山館の築城に着手、一六〇六年落成した。なお、この館は、松前氏が城主でなかったため正式には福山館または福山陣屋というが、領民・アイヌに対しては城と称した。松前藩の最大の特徴は、その大名知行権が石高《こくだか》に裏づけられた領国の支配権ではなく、形式上は、あくまでも蝦夷地交易の独占権であった。

山下昌也氏は、『北海道の商人大名』というかたちで松前藩の交易に果たした役割を強調しました（注2―13）。作家の司馬遼太郎は、街道シリーズ（一五）の『北海道の諸道』で「松前氏の成立」の項を設け、相当ページを割いて松前藩について書いていています（注2―14）。

2―4　北前船について

松前藩が箱館港を取り仕切っており、北前船が箱館港に出入りしていました。近江商人や廻船問屋です。たとえば、

近江商人：越前大野藩の大野屋、西川傳右衛門（初代）の住吉屋：

江戸時代初期、蝦夷地に進出した近江商人西川傳右衛門家の初代。越後に生まれ、西川家本拠の近江で育った。屋号は近江八幡で松前屋・松前（現北海道松前郡松前町）では住吉屋と称しました。

廻船問屋：高田屋嘉兵衛、銭屋五兵衛なども北前船で利益を上げた代表的商人とされています。

栄えた北前船も衰退の時期がやってきます（注2―15）。

北前船の衰退は明治二〇年頃から始まったと言われている。原因は汽船の登場、鉄道や通信網の発達が上げられるが、加えて「綿花はインドからの安い輸入綿花に圧倒されて明治二〇年代に入ると生産量が激減…藍はヨーロッパの化学染料に次第に押され…菜種油は灯火用、搾り粕は肥料だったが、ランプさらに電灯の普及などで灯火用の需要が減り…」と、肥料としての練の需要減少と不漁を上げ、産業構造の変化を指摘する説もある。

忠谷久蔵や田端半七が函館へ進出を始めた時点では、北前船の衰退は予測出来なかったと思われるが、橋立の忠谷家は明治三七年（一九〇四）一月廻船問屋を廃業。小塩の田端家は大正一五年（一九二六）四月設立の田端漁業合資会社本店を、昭和一二年（一九三七）八月函館に移転。両家とも兼業をやめ、その後函館で商業活動を展開した。

こうなった原因の一つに、「ペリーの日本来航とそれに伴う明治政府の開拓政策」があると筆者は考えています。

2－5 ペリー来航とその波紋

(1) ペリーの来航

嘉永六年(一八五三)に、米国人のマシュー・ペリーが率いる艦隊(艦船四隻・船員数は約一〇〇〇名)が浦賀に来航、約三ヵ月滞在しました。

「泰平の眠りを覚ます上喜撰たった四杯で夜も眠れず」という狂歌が詠まれたほどの影響があったと言います。

その間に箱館へも入港。下田にて「日米和親条約付録条約(下田条約)」調印。この間の事情については、ペリー側から見た日本遠征記である、『ペリー提督日本遠征記(上)(下)』(角川ソフィア文庫、平成三〇年)に詳しく載っています。

各種歴史書による幕末から明治初期にかけての北海道関連事項を拾ってみます。

寛政一一年（一七九九）　幕府、東蝦夷地を直轄地とする。

文化四年（一八〇七）　幕府、松前・西蝦夷地を直轄地とし、松前藩を梁川（現福島県梁川町）に移す。

文政四年（一八二一）　幕府、松前・蝦夷地を松前藩にもどす。

嘉永六年（一八五三）　六月　ペリー艦隊浦賀に来航。

安政元年（一八五四）　三月　**日米和親条約調印**

五月　下田にて、「日米和親条約付録条約（下田条約）」調印。

安政二年（一八五五）　箱館の開港に伴い、幕府は木古内、乙部以北を再び直轄とし、東北諸藩に警備を命ずる。

（二日　日露和親条約締結（千島は得憮水道を境界とし、樺太は雑居の地とする））

安政五年（一八五八）　七月　**日米修好通商条約調印**

（2）ペリー来航の目的：捕鯨船の寄港

ペリー来航の基本的な目的は、当時鎖国をしていた日本に対し開国交渉をすることでした。ただ、なぜ箱館が開港地として選ばれたかについては、理由がありました。

当時、アメリカは、油を捕鯨によって賄っていました。

捕鯨船団が東海岸を出発し、太平洋でクジラを獲っていました。かなり長期にわたる捕鯨でしたので、燃料と船員の保全と休息が欠かせませんでした。そこで、寄港地として箱館（一八六九（明治二）年「函館」に改称）を要求したのです。

アメリカの捕鯨については、大崎 晃氏（二〇一〇）が分析しています（注2―16）。それを要約すると、

一八世紀の第四四半世紀から一九世紀にかけての約一〇〇年間にわたり、欧米世界において燈油・潤滑油・蝋燭等油原料界に重きをなし、世界に一大産業を展開したアメリカの帆船式捕鯨業の史的展開について、一九世紀中葉までの捕鯨業は、出資者にかなりの配当をもたらし、一方で共同体社会のしがらみがなかったことが世界各地から労働力を呼びこむことになったことを指摘した。

その後一八五九年にペンシルヴェニア州で油田が発見されると、アメリカ式捕鯨業は衰退をたどった。

（3）ペリー来航の余波 ― 箱館の管轄が松前藩から幕府へ

とにかく、筆者としては、この時点で箱館の管轄が「松前藩から幕府へ」移ったことが大きいと

思います。

箱館が補給港として開港し、ペリーがやってきて、安政元年（一八五三）、日米和親条約が結ばれていますが、そのときの開港地として、下田と箱館が選ばれていますが、箱館は補給港として選ばれました。

つまり、アメリカとしては、当時鯨油をとるため、捕鯨が盛んで、太平洋の端までやってきていましたが、難破が多かった。それを避けるための「寄港地」として、「蒸気船用の貯炭地と船員の休息地」として箱館が必要だったということです。

一方で、国内においても箱館は重要でした。北海道（蝦夷地）との交易で各地からの北前船が出入りしていました。

港を取り仕切っていたのは無石大名と言われた松前藩でした。ところが、和親条約が結ばれると、箱館は松前藩に代わって幕府が上地し、交易権も幕府の管轄に入っています。

しかしながら、一八五九年にペンシルヴェニア州で油田が発見されると、アメリカ式捕鯨業は衰退をたどったとされていますが、アメリカにおける一八四八年―一八五五年のゴールド・ラッシュによって乗組員が集まらなくなったことも関係しているのではないかという説を大崎　晃氏は述べています。

2-6

北海道開拓のはじまりの一つの問題

アメリカの捕鯨船団が来ていた当時は、北海道は燃料補給と船員の休息地としての役割を果たしていました。しかし、それも来なくなり、明治に入って政府は、北海道開拓で、ロシアの南下を防ぐ意味もあり、屯田兵を編成して農業に力を入れることになります。

明治初期に開拓アドバイザーとして雇われたホーレス・ケプロンが農業に関するさまざまな意見具申をしていますが、寒冷な風土を理由に、北海道における米の生産はネガティブとしていました。

一方で、開拓使は、屯田兵には稲作の試みを禁じて、米を支給していました。屯田兵が耕作していたものは、ひえ・粟・そば・麦・南瓜・唐きびなど、寒い土地でも育つ穀物でした。米作の禁を破ると罰則も設けられていました。(コメは東北地方からの輸入で賄っていましたが、東北地方が天候不良で不作の時は当然ながら大変困ったと言います)。

そうしたことから、産業政策も「開拓により北海道活性化を」と農業から石炭など鉱工業へと移っていきます。

相対的に水産業の発達を遅らせてしまいました。交易意識も薄らいでいきます。その結果、物を外に出していく意識をなくしていったと考えられます。

経済学の土台を作ったと言われる英国のアダム・スミスは一国の富を増大させるため貿易は重要であると言いました。こうした貿易に何か政策的配慮は必要ないと重商主義（政策）に反対しました。商人に任せておけば「見えざる手」によって秩序が保たれるという「レッセーフェール」の考えを披瀝しています。アダム・スミスの言う交易や貿易の問題は「商の世界」（commercial society）の問題でした。

一方で、地域同士の交易が重要と言ったのは、国際経済学者のポール・クルーグマンです。一国の富の増大には、貿易の活発化が重要であることは言うまでもありませんが、国内の一地域が海外のある地域との貿易を行おうとするとき、いつも筆者が思い出すのは、著名なアメリカの国際経済学者でイエール、MIT、スタンフォード大学等の教授を歴任したポール・クルーグマンが述べた、「国家間貿易でなく地域間貿易の重要性に着目すべき」という言葉です（注2—17）。

今や、国際貿易は、国のみならず、それぞれの地域も先頭に立って世界との貿易を行うべき時代であるということです。

現代の北海道にあっても輸出依存度が低いのは、上記のような幕末から明治の初期にかけての為政者の重点政策によるのではないか、と考えています。つまり、筆者は、そうした土壌を生んだ、また水産業が相対的にも実態的にも停滞のきっかけとなったのは、「日米和親条約と箱館開港」にあったとみています。

ペリーが来航し、箱館港が開港され、それに伴って幕府が松前藩と交代し、交易が停滞し、ニシン漁もだめになり、北前船が来なくなり、水産業も衰退する素地を作ったと言えます。

こう見てくると、ペリー来航とその後の幕府・明治政府の施策が水産業の衰退の遠因となったと考えてもあながち間違いとは言えないのではないでしょうか。

仮に、松前藩が継続していたとしても、北海道の漁業はニシンの獲れなくなったことのあおりで、早晩ダメになる運命にあったのだ、とする説もありますが、実際問題として、あれだけ活発に漁業を中心とした藩政を行ってきた松前藩ですから、幕府の高圧的な開拓政策と違って、いささか活性化の手立ては行っていただろうと筆者は考えざるを得ないのです。

第2章の注と参考文献

（注2―1）桑原真人・川上淳（二〇〇八）『北海道の歴史がわかる本』、亜璃西社、p.11。

（注2―2）大塚和義編（二〇〇三）『北太平洋の先住民交易と工芸』、思文閣出版。（三浦昭憲（二〇〇三）「今日の話題・交易の進化」『北海道新聞』、二〇〇三年三月八日付の引用文献）。

（注2―3）加藤博文（二〇一二）「北海道の先史時代のダイナミズムと環境」『札幌大学創立45周年記念公開シンポジウム・環太平洋の環境と文明を考える』、二〇一二年六月二日、於札幌大学。

（注2―4）三浦昭憲（二〇〇三）「今日の話題・交易の進化」『北海道新聞』、二〇〇三年三月八日（引用文献：大塚和義編（二〇〇三）『北太平洋の先住民交易と工芸』、思文閣出版）。

（注2―5）鈴木琢也（二〇〇六）「第2章　古代北海道における物流経済」『アイヌ文化と北海道の中世社会』（氏家　等編）、北海道出版企画センター、pp.19-34。

（注2―6）舟山直治（二〇〇六）「第10章　カモカモの形態と利用からみたアイヌ民族と和人の交易と物質文化」『アイヌ文化と北海道の中世社会』（氏家　等編）、北海道出版企画センター、pp.217-250。

（注2―7）黒田重雄（二〇一〇）「北海道における商の不活発化に関する一考察」『開発論集』（北海学園大学開発研究所報）、第八六号（二〇一〇年九月）、pp.97-123。

（注2―8）関秀志・桑原真人・大庭幸生・高橋昭夫（二〇〇六）『新版・北海道の歴史下―近代・現代編―』、北海道新聞社、pp.70-76。

（注2―9）黒田重雄（二〇一〇）（注2―9）に同じ。

（注2―10）関秀志・桑原真人・大庭幸生・高橋昭夫（二〇〇六）『新版・北海道の歴史下―近代・現代編―』、北海道新聞社、p.115。

（注2―11）中西　聡（一九九八）『近世・近代日本の市場構造―「松前鯡」肥料取引の研究―』、東京大学出版会、pp.247-273。

（注2―12）「松前藩」『北海道大百科事典　下巻』、昭和五六年（一九八一）七月、北海道新聞社。

（注2―13）山下昌也（二〇〇九）『北海道の商人大名』、グラフ社、pp.46-50。

（注2―14）司馬遼太郎（二〇〇八）『北海道の諸道（街道をゆく一五）』、朝日文庫。

（注2―15）　山口精次（二〇二〇）「橋立出身　忠谷・田端家の函館に於ける商業活動」『市立函館博物館・研究紀要』、第二〇号。

（注2―16）　大崎　晃（二〇一〇）「一九世紀後半期アメリカ式捕鯨の衰退と産業革命―ニューイングランドにおける捕鯨中心地の近代綿工業地への転換―」『地学雑誌』一二九巻四号

（注2―17）　ポール・クルーグマン（北村行伸・高橋亘・妹尾美起訳）（一九九四）『脱「国境」の経済学――産業立地と貿易の新理論――』、東洋経済新報社。（Krugman、Paul（1991）、*Geography and Trade*, The MIT Press.）。

第3章

北海道はどうなっているのか

自説を展開する前に、いくつかの基本的事項を検討しておきたいと思います。「北海道をどうしてきたか・どうなっているのか」（本章）、「北海道への提言はどのようなものがあったか」（第4章）、「経済活性化策の国内・海外の成功例をみる」（第5章）、などです。その上で、自説を提言として、第6章で述べる予定にしております。

本章では、北海道をこれまでどうしてきたのか、その結果、現在の状況や仕組みがどうなっているかについて、人口構造、生活、産業構造、財政、貿易などをあらわす指標によって確認します。また、そこにあらわれている問題点についても考えてみたいと思います。

3-1 行政区域としての北海道地方と市町村自治体

現在、「北海道」は、どのような「地域」とされているのでしょうか。例えば、『広辞苑』では、「地方」とは「国内の一部分の土地」とあり、「地域」とは「土地の区域」、となっています。本書では、「地域」を行政区域としておきます。つまり、ここでの「地域」は、一つは（行政区域としての）北海道地方であり、また、もう一つは道内にある（行政区域としての）市町村のことになります。

日本における行政区域の一つに、四七都道府県がありますが、北海道はその中の一つです。

ところで、日本の国情を知らしむために国は、各種の統計を出しておりますが、その中に統計データを地方別に集計したものがあります。その代表的なものは、総務省統計局管轄の「全国消費実態調査」（令和元年より「全国家計構造調査」に変更）ですが、もともとの収入や消費に関する県別のデータを、全国を一〇地方に分けたかたちに集計したものも発表しています。そこでは、その一〇地方を「地方区分」と呼び、次のようになっております。

北海道地方―北海道
東北地方―青森県、岩手県、宮城県、秋田県、山形県、福島県
関東地方―茨城県、栃木県、群馬県、埼玉県、千葉県、東京都、神奈川県、山梨県、長野県
北陸地方―新潟県、富山県、石川県、福井県
東海地方―岐阜県、静岡県、愛知県、三重県
近畿地方―滋賀県、京都府、大阪府、兵庫県、奈良県、和歌山県
中国地方―鳥取県、島根県、岡山県、広島県、山口県
四国地方―徳島県、香川県、愛媛県、高知県
九州地方―福岡県、佐賀県、長崎県、熊本県、大分県、宮崎県、鹿児島県
沖縄地方―沖縄県

こうして、この「調査」により、収入・支出関連の各種データを一〇地方間で比較検討できるようになっているわけです。したがって、本書で、北海道地域と言ったときは、この「北海道地方」のことを指すことにします。

なお、「はしがき」のところでも言いましたように、北海道と沖縄は、国土交通省が策定を進めている社会資本の整備や資源の有効活用など将来の国土像を示す「国土形成計画」の対象外となっています。

「国土形成計画」も「全国消費実態調査」と同様に一〇ブロック分類を念頭においているようですが、こちらの方は、北海道と沖縄を除く、「八広域圏」を問題としています。すなわち、東北圏、首都圏、北陸圏、中部圏、近畿圏、中国圏、四国圏、九州圏の八分類です。また、これによりますと、「全国消費実態調査」では、北陸地方に入っている新潟県が「国土形成計画」では東北圏に、関東地方に入っていた長野県が中部圏に入っている点が違っています。

いずれにしましても、北海道と沖縄は、国の政策では特別扱いになっているというのが現状です。

これについては経緯があります。もともと両地域は日本の中では特別扱いされてきていて、北海道は北海道開発庁、沖縄は沖縄開発庁が担当し、それぞれ国務大臣も任命されておりましたが（両方兼務もあった）、平成一三年一月に施行された中央省庁再編に伴い、北海道開発庁は国土交通省へ、沖縄開発庁は内閣府の一部局となっています。また、内閣府の特命担当大臣として沖縄・北方対策を担当する国務大臣が必ず置かれることも法定されています。

3－2

北海道の特性をあらわす指標

地域特性をあらわす指標にはいろいろあります。気候や天然資源など自然環境指標、図書館や博物館など文化的・社会的環境指標、自治体の財政や人々の生活を表す所得や消費など経済環境指標などです。

北海道の経済規模を全国比較で見たものが、令和四年（二〇二二）の【図表3―1】です。製品出荷額等や輸出額の低さが目立ちます。

【人口】北海道における高齢化のスピードはきわめて早い

日本社会における大きな問題の一つに人口問題があります。人口減少や少子高齢化の進展についてであり、それらが労働力、医療、年金などに多大の影響を及ぼすと考えられるところからきております。なかには、人口減少の方は前向きに考えようとする人もいますが（松谷・藤正著『人口減少社会の設計―幸福な未来への経済学―』、中公新書、平成一四年）、少子高齢化の方はどちらかというとマイナスイメージで捉えられています。そうした観点から、何とか減少を食い止めねばとか、もっと子供を作れる環境を整えねばとか、生産人口が減って国の生産力が落ちるので高齢者にも働

【図表３―１】人口・経済規模（全国ウエイト）

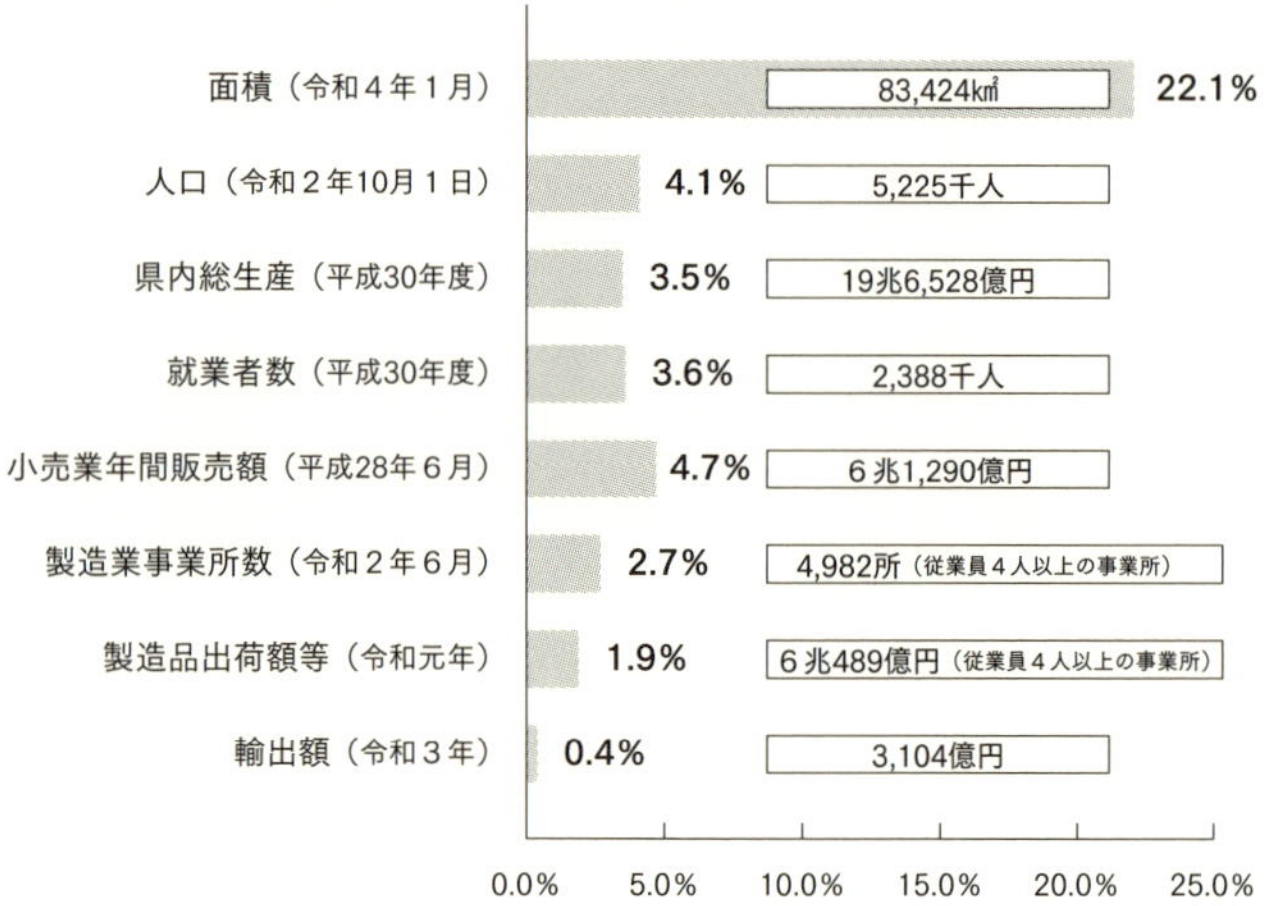

［出所］国土交通省国土地理院、総務省、内閣府、経済産業省、函館税関

【資料】北海道財務局「最近の北海道経済の動向等について」、令和４年７月。

き口をなどといった意見が多くなっています。

国立社会保障・人口問題研究所では、「日本の将来推計人口」（平成一四年一月推計）と「都道府県の将来推計人口について」（平成一四年三月推計）を発表しております。それによりますと、「二〇〇〇年の国勢調査の結果によれば、一九九五年から二〇〇〇年にかけて既に二三道県で人口が減少している。今回の推計によれば、人口が減少する都道府県は今後も増加を続け、二〇〇五年から一〇年にかけては三六道府県、二〇一五年から二〇年にかけては滋賀県、沖縄県を除く四五都道府県で人口が減少し、以後二〇三〇年までほとんどの都道府県で人口減少が続く」とされています。

【図表３―２】は、地方別の年度別推計人口割合を示していますが、北海道の全国に占め

【図表３―２】日本の地方別将来人口推計

ブロック	令和２年（2020）	令和７年（2025）	令和12年（2030）	令和17年（2035）	令和22年（2040）	令和27年（2045）	令和32年（2050）
北海道	4.1	4.1	4.0	3.9	3.8	3.7	3.6
東北	6.8	6.6	6.4	6.2	6.0	5.8	5.6
関東	34.6	35.3	35.9	36.6	37.3	38.0	38.7
北関東	5.3	5.3	5.2	5.2	5.1	5.1	5.0
南関東	29.3	30.0	30.7	31.4	32.3	32.9	33.7
中部	16.8	16.6	16.5	16.5	16.4	16.3	16.2
近畿	17.7	17.6	17.6	17.4	17.3	17.2	17.0
中国	5.8	5.7	5.6	5.5	5.4	5.4	5.3
四国	2.9	2.8	2.8	2.7	26.6	2.6	2.5
九州・沖縄	11.3	11.2	11.2	11.1	11.1	11.1	11.0

地域区分
北海道：北海道　東北：青森県、岩手県、秋田県、宮城県、山形県、福島県　北関東：茨城県、栃木県、群馬県　南関東：埼玉県、千葉県、東京都、神奈川県　中部：新潟県、富山県、石川県、福井県、山梨県、長野県、岐阜県、静岡県、愛知県　近畿：三重県、滋賀県、京都府、大阪府、兵庫県、奈良県、和歌山県　中国：鳥取県、島根県、岡山県、広島県、山口県　四国：徳島県、香川県、愛媛県、高知県　九州・沖縄：福岡県、佐賀県、長崎県、熊本県、大分県、宮崎県、鹿児島県、沖縄県

（出所）国立社会保障・人口問題研究所「都道府県の将来推計人口について」（平成14年３月推計）

る割合は減少していきます。

「都道府県単位での今後の人口減少は加速し、令和二（二〇二〇）年を一〇〇とした令和三二（二〇五〇）年の総人口の指数が一〇〇を超えるのは東京都（一〇二・五）のみとなり、残る四六道府県では令和三二（二〇五〇）年の総人口は令和二（二〇二〇）年を下回る。なかでも、秋田県の指数は五八・四であり、令和二（二〇二〇）年と比べて令和三二（二〇五〇）年の総人口は四割以上少なくなる。

地域ブロック別にみると、平成二七（二〇一五）年から令和二（二〇二〇）年にかけて、すでに南関東以外の地域ブロックで総人口が減少しているが、令和七（二〇二五）年から令和一二（二〇三〇）年にかけて南関東においても総人口が減少し、以後令和三二

【図表３―３】北海道の高齢化率の推移

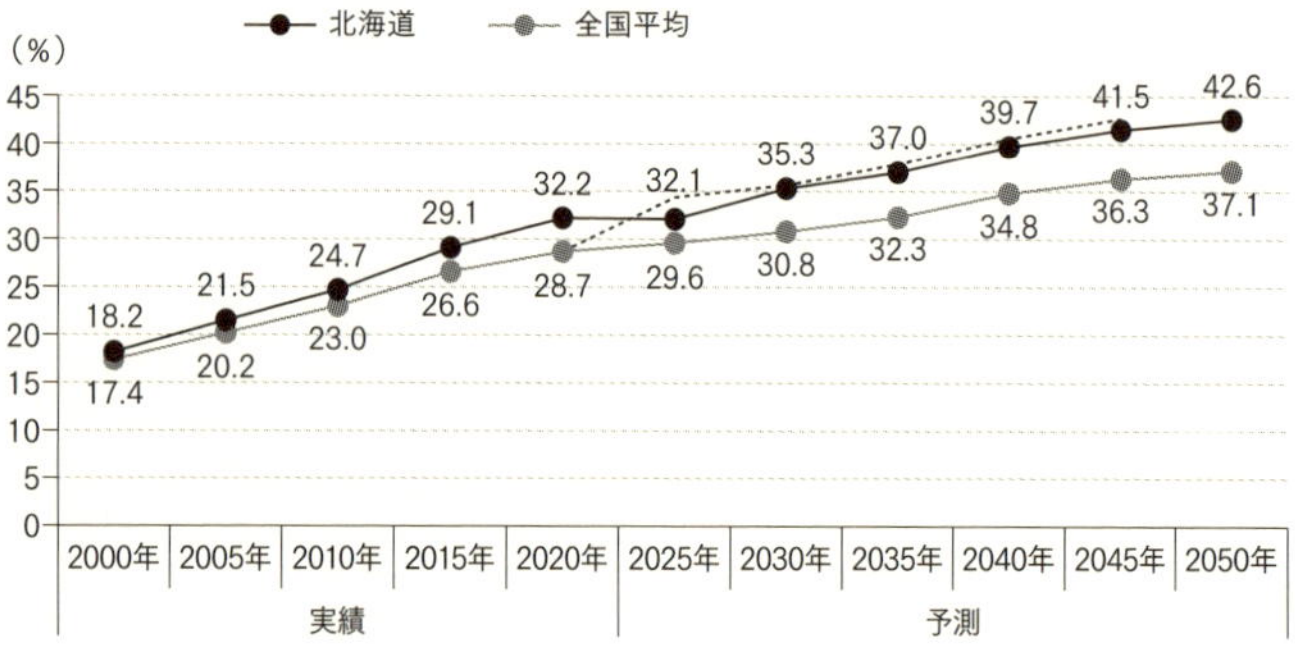

※高齢化率：総人口にしめる65歳以上の人口割合（%）、年齢不詳を除いて算出
※■中の点線は、前回2018年３月公表の「将来人口推計」に基づく当地域の高齢化率

データ出所：総務省　国勢調査及び国立社会保障・人口問題研究所　将来推計人口、総務省住民基本台帳に基づく人口、人口動態及び世帯数を基にGD Freak!が作成

（二〇五〇）年まですべての地域ブロックで総人口が減少する」とあります。

北海道の場合、全国に比べて高齢化のスピードが非常に速いことから、今後とも人口減少や少子高齢化が進展していくと予想され、それに伴って発生してくる問題は多種多様なものになると予想されます【図表３―３】。

一方、北海道では、従来から、全国的にみて単身者が多い地域となっておりましたが、今後とも単身世帯は増えていきますが、とりわけ女性の単身者世帯が急増していくと推計されています。

前記の点と重ね合わせてみますと、北海道の市町村では、「これまで以上に、高齢で、単身（一人暮らし）の女性の多い地域となっていく」ことが予測されるのです。

ここで、国立社会保障・人口問題研究所による統計から、北海道の年齢別将来推計人口を見ておきます。

つぎの表は北海道の住民基本台帳に基づく二〇二三年一月一日時点の総人口の男女年齢別構成を表しています【図表3—4】。

この表をみるかぎり、相対的に男の減少が目立ちます。すなわち、性比（男／女）でみて、二〇〇〇年の〇・九二に対し、三〇年では〇・八五となり、男性が一段と少なくなっています。

また、世帯単位がどうなるかについて、国立社会保障・人口問題研究所の「日本の世帯数の将来推計（都道府県別推計）」によって、見てみます。これにより、日本全体の世帯類型では、これまでの標準世帯（夫婦と子供のいる世帯）に代わって、単身者世帯数が第一位となり、「多世帯社会」となったことが分かります。また、「単独世帯と【夫婦のみ世帯】

【図表3—4】北海道の年齢別構成の予測

（1,000人）

年齢	平成12年（2000）	平成17年（2005）	平成42年（2030）
総数			
総数	5,683	5,634	4,708
0～4	239	227	147
5～64	4,408	4,213	3,559
65～	1,036	1,194	1,062
男			
総数	2,719	2,677	2,190
0～4	122	117	75
5～64	2,153	2,056	1,485
65～	444	504	630
女			
総数	2,964	2,957	2,579
0～4	239	227	147
5～64	2,132	2,039	1,460
65～	593	691	972

出所：国立社会保障・人口問題研究所「都道府県の将来推計人口」における「都道府県別、男女・年齢別将来推計人口」表より筆者が再集計。

【図表3―5】札幌市への人口一極集中が進む

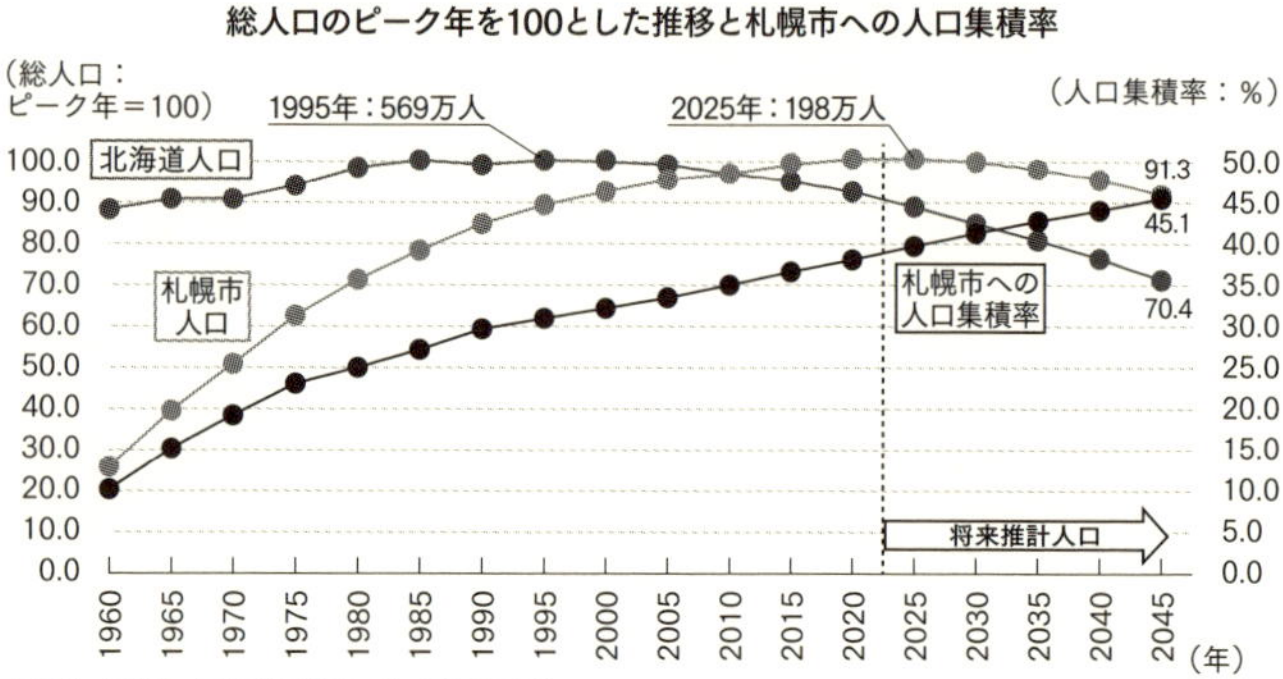

［出所］北海道、国立社会保障・人口問題研究所

【資料】北海道財務局「最近の北海道経済の動向等について」、令和４年７月。

で全世帯の約五〇％を占めること、若者と高齢者の単独世帯が増加し、自分ひとりで、料理や、育児、自治会への参加など何役もこなさないといけない生活者が増えるとしております。

また、将来道内人口の半数近くが札幌市へ集中することも示されています【図表3―5】。

つまり、こうした状況を道内各地域とも無視できない状態になってきているのであり、したがって、地域ぐるみで高齢化対策に取り組まねばならない状態との認識が必要となってきます。そして、さらに、これらの状況をプラスに転化する道を探さねばならないことも当然のこととして受け入れる必要があります。

この点は、第6章における道内市町村における「経済活性化」や「街づくり」の問題とからめて検討してみたいと思います。

3-3

道民の生活はどうなっているか

まず最初に、道民の生活指標を見ておきます。「はしがき」でも言いましたように、政府から景気拡大期間も戦後最長と言われた昭和四〇年代の3C時代（カー（車）、クーラー、カラーテレビの英字の頭文字Cより）であった「いざなぎ景気」に並んだという報告がありました。しかし、「デフレ脱却」宣言は見送ったということです。

これに対して、テレビなどのインタビューの巷の声などでも、とにかく一般国民には景気のよさの実感がないようなのです。一部上場の大企業や銀行などは史上空前の好業績となったと言われている中で、その収益が家計に回ってきていないことが最大の原因でしょう。景気がいいというのは一部上場企業と金融関係が未曾有の利益を生んでいるところからきているという説があります。つまり、そうした利益が、一般家庭にまで届かない、また、家計に還元されていないということです。

まず、全国との比較で、一人当たり道民所得を見てみます【図表3―6】。ほぼ、全国の九〇％程度で推移しています（注3―1）。

バブル期以前では、北海道も全国の九〇％を越えていたものです。このころ東京あたりで生活しますといろいろな経費が掛かりますから、九〇％くらいの収入なら北海道で生活しても大して変わらないだろうという感じを持っていたわけですが、現在は全国レベルで九〇％弱で推移しております。

次に、地方別に実収入と消費支出を全国との比較で見ると（令和五年）【図表3—7】、トップの北陸との差は実収入で一カ月八・六万円程度、消費支出で一万円程低くなっています（また、この点の分析から、北海道民の「消費性向は高い」となります）。また、消費費目別の全国比較では、【図表3—8】、北海道では住居費と光熱・水道がやや高め、家具・家事用品と教育で若干低めというところです。

【図表3—6】一人当たり道民所得の推移

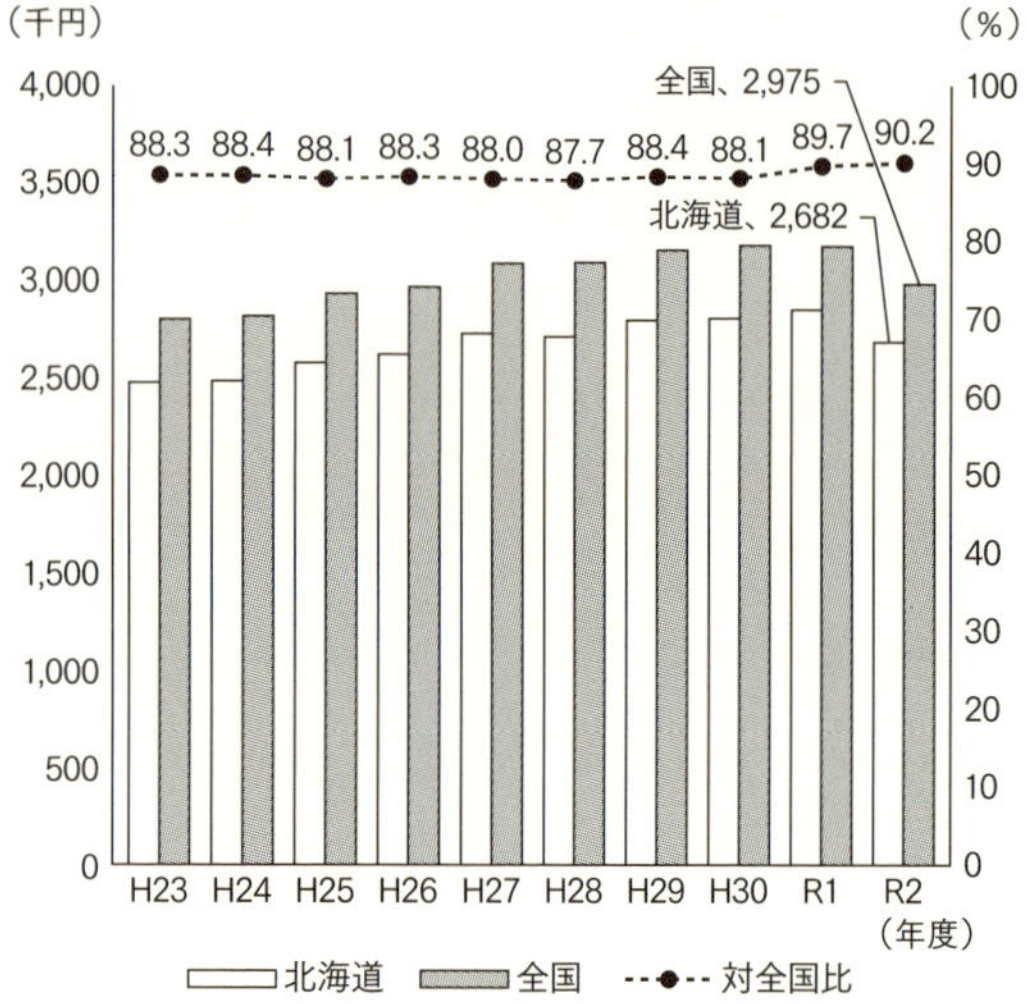

（出所）北海道経済部「令和２年度（2020年度）道民経済計算年報の概要」、令和５年10月。

ところで、地方別の中で一番収入が高いのは【図表3—7】でもみましたように、北陸地方です。勤労者世帯の一ヶ月の収入が、北海道とは八・六万円も違うということですが、驚くのは私だけではないと思います。関東、東海（トヨタ自動車など大手メーカーがひしめいているので）あたりは高いとは思いましたが、もっと北陸が高いのです。一体これはどうして

【図表3－7】地方別実収入と消費支出

地　方	実額（円）		全国比	
	実収入	消費支出	実収入	消費支出
全　国	609,535	305,811	100.0	100.0
北海道	576,712	296,321	94.6	69.9
東　北	553,162	290,042	90.8	94.8
関　東	653,549	321,811	107.2	105.2
北　陸	662,374	308,445	108.7	100.9
東　海	628,281	306,464	103.1	100.2
近　畿	572,675	289,617	94.0	94.7
中　国	573,951	297,717	94.2	97.4
四　国	572,935	282,447	94.0	92.4
九　州	565,808	305,441	92.8	99.9
沖　縄	390,162	226,090	64.0	73.9

全国を100とした指標

（出所）総務省統計局「家計調査年報」（北海道分）」、令和５年。

【図表3－8】対全国との消費支出の費目別構成比比較

	北海道		全　国	
	金額（円）	構成比（％）	金額（円）	構成比（％）
消費支出	296,321	100.0	305,811	100.0
食料	73,058	24.7	79,796	26.0
住居	21,368	7.2	18,824	6.2
光熱・水道	27,521	9.3	21,696	7.1
家具・家事用品	11,553	3.9	13,364	4.4
被服及び履物	10,524	3.6	10,654	3.5
保健医療	11,989	4.0	13,068	4.3
交通・通信	50,950	17.2	49,469	16.2
教育	10,035	3.4	16,548	5.4
教養娯楽	25,719	8.7	26,824	8.8
その他の消費支出	53,603	18.1	55,868	18.3

なのか。北陸地方と言えば、この統計の場合、通常言われている北陸三県の石川、富山、福井に新潟を加えた四県です。この地方は元来、薬品や繊維とかが有名ですが、最近は、モノを作る機械が優秀です。その輸出も非常に好調で、つまり貿易を活発化させて伸びているということです。この点につ

きましては、第6章でも検証します。

一方では、北陸の実収入の高さについては、「共稼ぎが多いから」という説がありますが、北海道では女性の働く場所はそんなに多くないという反論が可能です。

北海道と北陸との関係については、後の章でも詳しく説明します。

だからといって、北海道は何でもかんでも北陸の真似をする必要はないのです。北海道には北海道の持っているものがあります。ただ、筆者としては、輸出振興については見習いたいと考えております。つまり、持てる力を発揮していないというのは、よいものを海外へ向けて発信していないということです。それをやっていないところに北海道の根本的な問題があるのです。

いずれにしましても、地方ではこのような収入面の格差があって、その結果、消費支出の格差も生みだしていくわけで、やはり、経済的に活性化しなければならないということを考えておく必要があると思います。

3-4 北海道内には格差はあまり見られない

北海道内での格差状況はどうなっているのでしょうか。先ほど全国的に格差は拡大していると言いましたが、【図表3―9】にみるように道内における格差はそれほどでもありません。

収入も支出も格差は低いということから、北海道内ではほとんど同じような生活になっています。「道産子のおおらかさ」とよく言われますが、周りと比較してみますと「みんな大体この程度だ、どこだって同じだ」、と。そういう意味では道内企業でも、「うちは、まあ、いい方だ」というような言い方をすることが多いですが、しかしながら本州などの同業同規模企業と比べると売上や収益に大きな差があります。

ＮＨＫ放送世論調査所編「日本人の県民性」（昭和五四年）のコメントでは、北海道内の人々の意識は同じで、そう言う意味では、北海道は「閉じた社会」であると述べています。これに対して西日本の方（例えば、九州地方や沖縄地方）が、ひところ北海道よりも平均収入が低いレベルにありましたが、これらの地域では、収入は低くても消費支出格差がかなり存在していました。西へ行けば行くほど、どんどん格差が広がっていくということが統計的に明らかになっていました。

【図表３―９】年間収入５分位階級の境界値（勤労者世帯、2005年と2020年）

■ 2005 年

（万円）

階級		第Ⅰ階級	第Ⅱ階級	第Ⅲ階級	第Ⅳ階級	第Ⅴ階級	格差率（V/Ⅰ）
実収入	北海道	361	473	588	793		2.82
	全　国	356	506	662	881		3.46
消費支出	北海道						1.98
	全　国						2.60

出所：北海道企画振興部「平成17年家計調査の結果（総務省統計局・北海道分）－年間収人５分位階級の境界値－」、総務省統計局「平成17年家計調査年報－表11・年間収入階級別家計収支（勤労者世帯）－」。

■ 2020 年

（万円）

階級		第Ⅰ階級	第Ⅱ階級	第Ⅲ階級	第Ⅳ階級	第Ⅴ階級	格差率（V/Ⅰ）
実収入	北海道	297	399	544	738		2.48
	全　国	329	459	624	860		2.61

収入は低くても消費生活では差を付けようということでしょうか。やや見栄を張っている様子が見え隠れします。これに対し、北海道民は周辺の人並みの生活であれば良しということでしょうか。

そういうことから、筆者は、「西高東低型の格差」と名付けたりしておりました。

3-5 北海道の経済構造では第二次産業が弱い

北海道の経済構造は、北海道総合政策部「北海道データブック　二〇二三　経済」によると、二〇二〇年度は、左記のようになっています【図表3—10】。

これを見る限り、全国と比較して第一次産業と第三次産業の割合が高く、第二次産業の割合は低いものとなっています。

食料自給率は四七都道府県中一位

北海道の農業は、全国的に重要な位置づけにあります。農業産出額は、二〇二一年で、一兆二六六七億円で、全国九兆一四億円の一四・八％を占めています。これは四七都道府県中一位です。

【図表3―10】北海道の産業構造（2020）

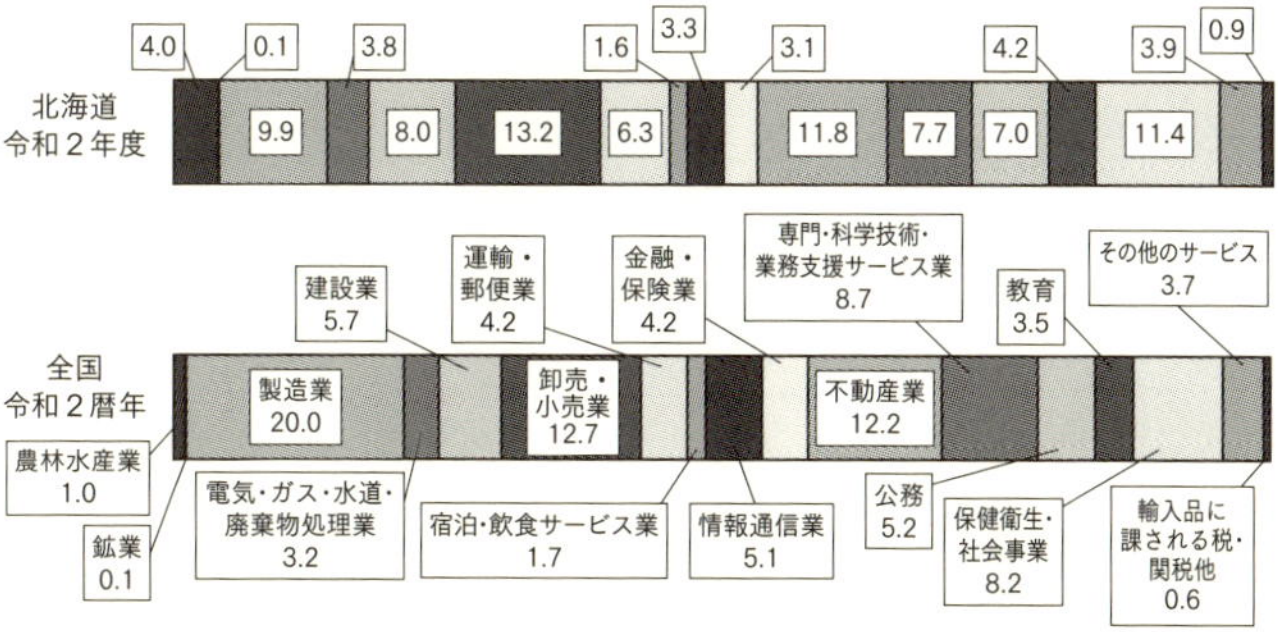

※輸入品に課される、税・関税他は、「輸入人に課される税・関税、（控除）総資本形成に係る消費税」。
全国あっては、統計上の不突合を含む。
出典：北海道経済部「令和2年度（2020年度）道民経済計算」、内閣府「2021年度（令和3年度）国民経済計算年次推計」

【図表3―11】北海道の食料自給率

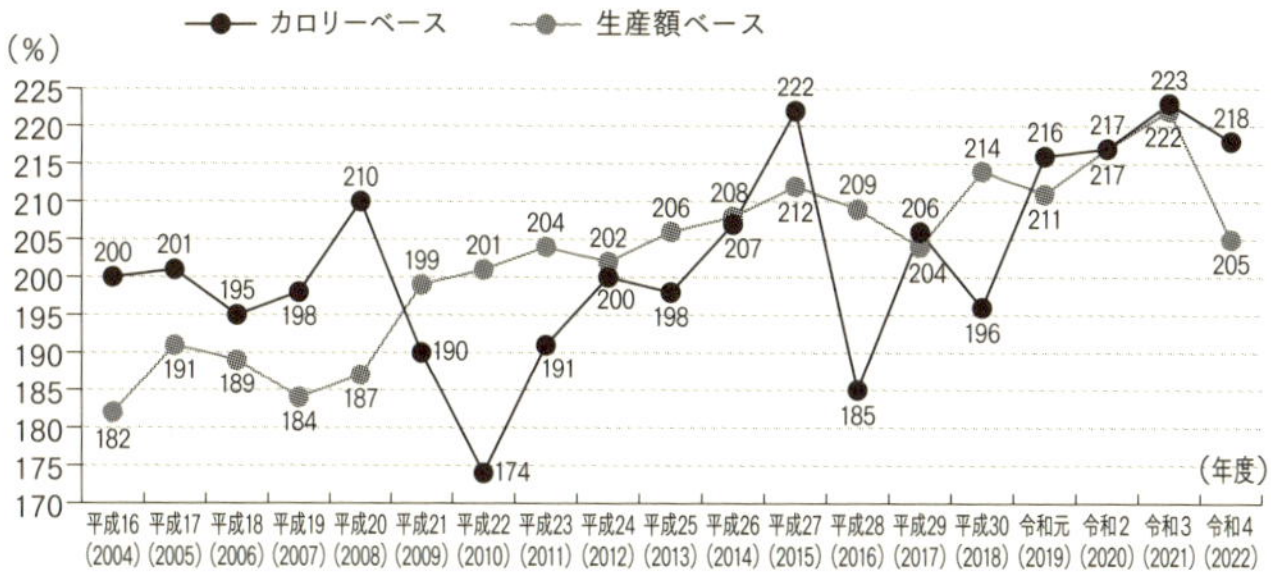

グラフ：農林水産省「都道府県別食糧自給率」を基に北海道農政事務所で作成

また、食料自給率（カロリーベース）も全国一位です。全国との比較では、全国では、四〇%程度ですが、北海道は、二〇〇%を超えております【図表3―11】。

これまで北海道では、「食料基地」が言われ、農業中心の地域と言われてきました。カロリーベースで食料自給率二〇〇%（全国四〇%）の北海道は何故状態が良くないのでしょうか。

【図表3—12】財貨・サービスの移輸出入額の推移

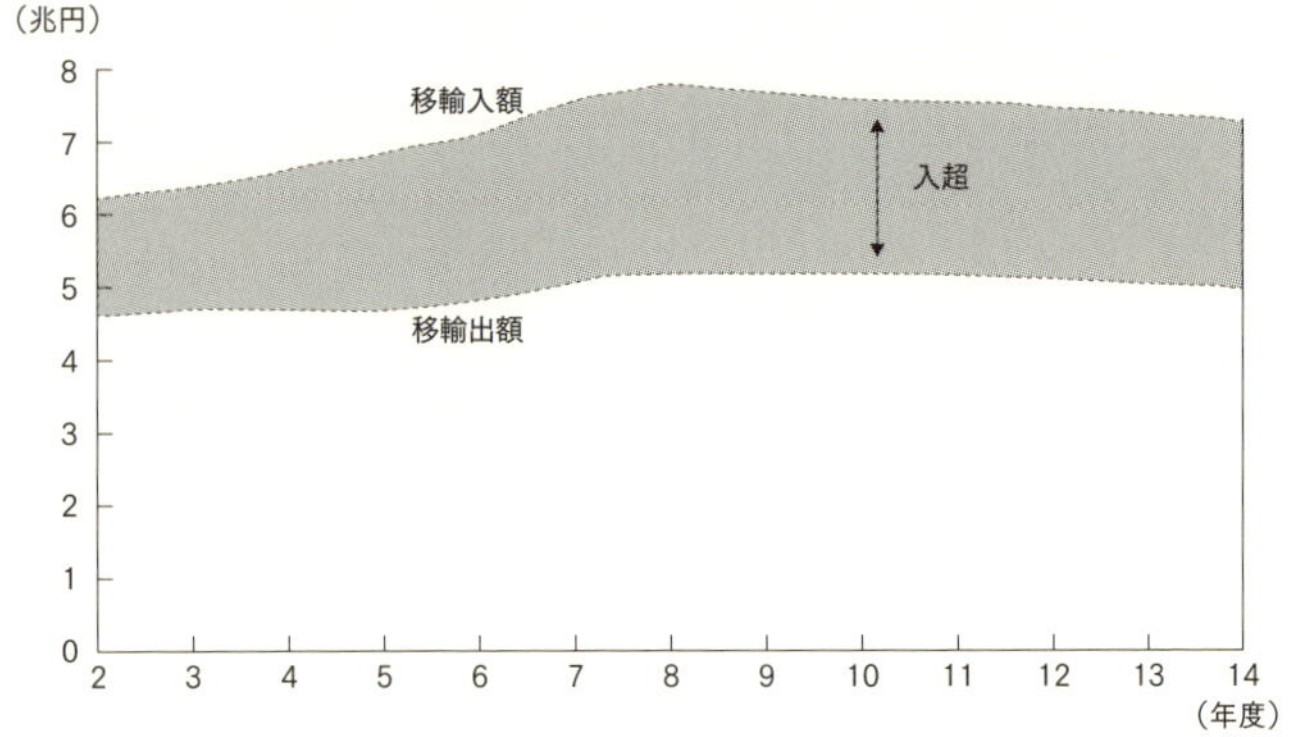

出所：北海道企画振興部「北海道経済要覧　2005」（平成17年度版）。

域際収支の赤字幅は二兆円だった

これまで北海道経済の特徴は、「第二次産業の弱体化と第三次産業の肥大化」と「域際収支の赤字幅二兆円」とに集約されているのです。

域際収支（移輸出—移輸入）は、「出ていくモノ（A）」と「入ってくるモノ（B）」との差です。北海道から出ていくモノ（A）は、道生産の三分の一ですが、道で消費する三分の二は入ってくるモノ（B）によって賄われています。この「AマイナスB」がかつては常に二兆円の赤字でした【図表3—12】。

これは、道民一人当たりに換算して毎年四〇万円の赤字（借金）に相当する額となっています。

ところで、域際収支は、道外との移出入収支と海外との取引を示す貿易収支に分かれますが、現在のところ道外との取引は伸びてきており、令和二年度の域際収支は三千五百万円程度プラスになっております【図表3—13】。

【図表3―13】現在の北海道の域際収支

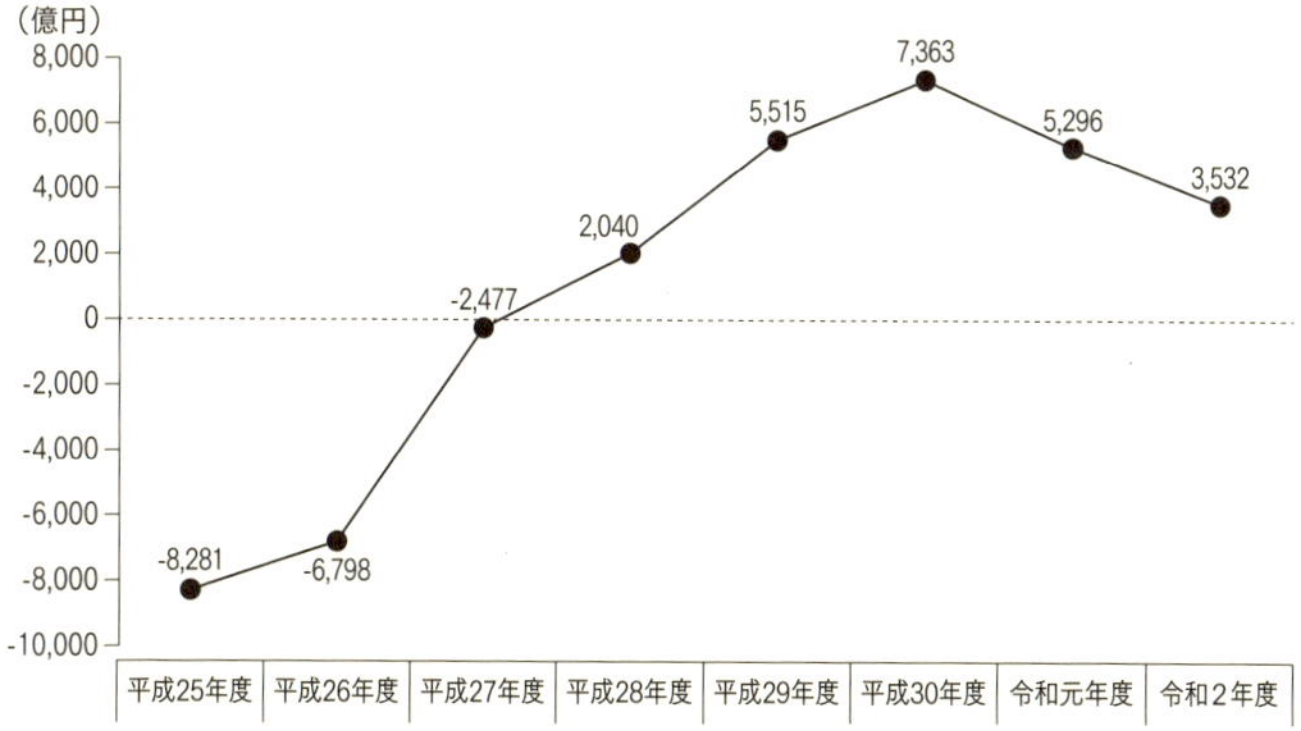

しかしながら、貿易収支の方は、一兆四千億円の赤字となっております【図表3―14】。

相変わらず貿易収支の方は、一兆円を超える赤字が続いております。その結果、域際収支の一層の改善を阻害しているということになります。

貿易収支の赤字幅の大きさが、北海道全体の活性化を阻害していることは明らかです。

また、この貿易収支に関して一つの問題があります。

ジェトロ北海道（JETRO）によると、道産食品の輸出額は、二〇一九年で、六九一億円です（二〇一八では、七七四億円）。高橋はるみ元北海道知事の公約は、これを一五〇〇億円まで高めることだったと言います。また、鈴木直道現北海道知事も同様の趣旨の公約、「食の分野では消費需要の大きい中国など、海外で開催される商談会に参加して道内企業の販路拡大を後押しする。今年シンガポールに開店する道のアンテナショップ『北海道どさんこプラザ』も活用し、道産食品の輸出額を二三年に

【図表３―14】北海道の貿易収支

（単位：億円）

事　項	全　　国		北 海 道	
年	輸出額	輸入額	輸出額	輸入額
H 8	447,313	379,934	1,841	6,592
H 9	509,380	409,562	1,847	6,959
H10	506,450	366,536	2,026	5,430
H11	475,476	352,680	1,870	5,621
H12	516,542	409,384	2,209	6,440
H13	489,792	424,155	2,422	7,011
H14	521,090	422,275	2,318	6,844
H15	545,484	443,620	2,118	7,096
H16	611,700	492,166	2,400	7,482
H17	656,565	569,494	2,636	9,651
H18	752,462	673,443	3,089	12,520
H19	839,314	731,359	3,635	12,882
H20	810,181	789,547	4,127	17,303
H21	541,706	514,994	3,016	9,126
H22	673,996	607,650	3,408	11,512
H23	655,465	681,112	3,676	15,311
H24	637,476	706,886	3,848	16,543
H25	697,742	812,425	4,554	18,981
H26	730,930	859,091	4,787	15,278
H27	756,139	784,055	4,938	12,356
H28	700,358	660,420	3,710	9,055
H29	782,865	753,792	3,920	12,058
H30	814,788	827,033	3,970	14,709
R元	769,317	785,995	3,121	12,532
R 2	683,991	680,108	2,295	8,775
R 3	830,914	848,750	3,117	11,920
R 4	981,736	1,185,032	4,295	18,430

出典：函館関税「北海道貿易概況」、財務省「貿易統計」
注：全て確定値

以上出所：(一財) 北海道開発協会「地域づくりの動向 2023年版」、令和６年３月。

一五〇〇億円とする目標の達成を目指す」を発表していました（二〇一九年三月時点）。

しかしながら、現在のところ、【図表３―15】に見るように、目標の半分程度に止まっていて、一五〇〇億円は達成望み薄と言ったところです。

【図表3—15】道産商品輸出額の推移

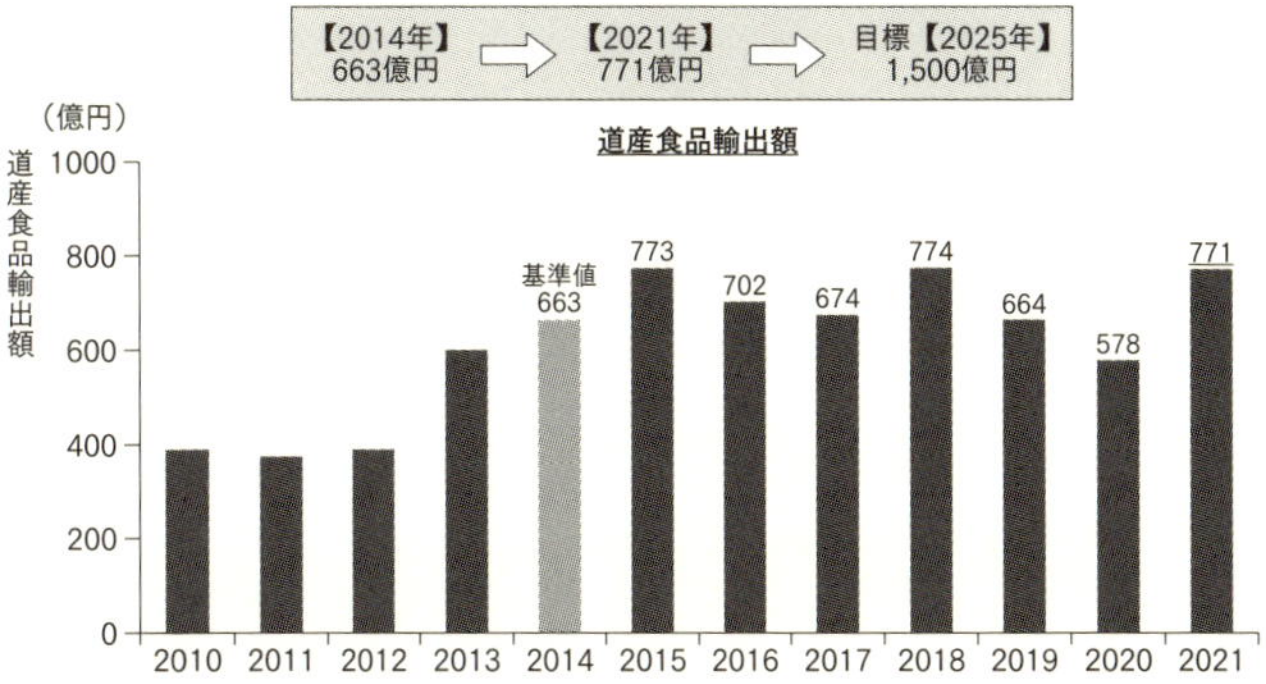

出典：北海道「北海道食の輸出拡大戦略推進状況報告書」

北海道の貿易が活発化しない歴史的背景

道産品の輸出が盛り上がらない原因は、いろいろ考えられるでしょうが、第2章でもみましたように北海道の歴史にも関連があります。

箱館（明治二年（一八六九）、函館に改称）が補給港として開港し、アメリカからペリーがやってきて、一八五三年、日米和親条約が結ばれていますが、そのときの開港地として、下田と箱館が選ばれていました。

何故、箱館だったのか？

アメリカとしては、当時鯨油をとるため、捕鯨が盛んで、アメリカの東海岸から太平洋の端までやってきていましたが、難破が多かった。それを避けるための「寄港地」として、「蒸気船用の貯炭地」と「船員の休息地」として箱館が必要だったということでした。

一方で、国内においても箱館は重要でした。北海道（蝦夷）との交易で「北前船」が出入りしていました。

たとえば、越前大野藩（現福井県大野市）は函館に商品取引のための支店をおいて水産物の売り買いを行い莫大な利益を得ていました（小藩（3万石）でしたが船一艘もって、交易し、函館に支店を設け、さしもの莫大な財政赤字を独自に解消したとあります）。港を取り仕切っていたのは松前藩でした。松前藩は無石大名と言われていましたが、和親条約が結ばれると、箱館は幕府が上地し、交易権も幕府の管轄に入りました。

そして、明治に入って政府は、北海道開拓に力を入れるべく、また、ロシアの南下を防ぐ意味もあり、屯田兵を編成して農業に力を入れることになります。

さらに、開拓により北海道活性化するためとし、第2章の【図表2―2】でも見ましたように、農業から鉱工業へと産業政策を移していきます。

こうして、相対的に水産業の発達を遅らせてしまい、交易意識も薄らいでいきます。その結果、物を外に出していく意識をなくしてしまったと考えられるのです。

3―6 北海道では商業、特に卸売業の劣勢

域際収支の大幅赤字を解消するためには、入ってくるモノを少なくするか、出ていくモノを多くするかが考えられますが、入ってくる方を少なくする（生活を切りつめる）には限度があります。

とすれば、北海道から出すモノを多くしなければならない、つまり、出す方の北海道地場企業の活発化が必要となりますが、どんな企業でもかというとそうではないのです。

北海道にはたくさん良いモノが存在しています。しかし、それを消費者市場へ運ぶ機能がうまく働いていないのです。モノを運ぶ機能を果たしている典型企業は、卸売業者や運送業者ですが、実は、この事業分野が全国的にみてきわめて劣勢です【図表3―16】。

表で見る限り、北海道の卸売業販売額／小売業販売額＝一・八〇であるのに対し、全国は、二・八五で、北海道の卸売業の劣勢は明らかです。

その点を国の商業統計に基づいて、卸売だけに限ってみると、北海道は全国に比して、大規模事業所が少な目とでています。

平成一一年から一四年にかけて、北海道卸売業事業所数の減少は全国を上回っていました。就業者規模別に見ても、五～九人規模以外は軒並み二桁の減少率を示しており、四人以下の小規模事業所では、一三・一％も減少しました（全国は、九・九％減少）。

また、一〇〇人以上では、五分の一強の二一・三％も減っています（全国は、五・七％減）。

いま、日本の卸売業界では、従来とは異なった方向や内容、形態で、構造と行動に大きな変化が見られるようになっています。商業統計では、これまでとは逆に事業者数や従業者数で、減少の傾向がはっきりと見られるようになっています。一連の構造的不況産業・業種とされ、所詮は消えてい

【図表3―16】北海道の商業

北海道の事業所数、従業者数及び年間商品販売額

			平成26年（7月1日）	
			実　数	構成比(%)
事業所数	合　計		42,769	100.0
		卸　売　業	10,827	25.3
		小　売　業	31,942	74.7
従業者数	合　計（人）		358,174	100.0
		卸　売　業	92,807	25.9
		小　売　業	265,367	74.1
年間商品販売額	合　計（百万円）		16,455,227	100.0
		卸　売　業	10,573,787	64.3
		小　売　業	5,881,440	35.7

（注1）表頭中の（　）内は、調査の実施日である。
（注2）年間商品販売額は、調査年の前年の暦年を把握。

北海道の事業所数、従業者数及び年間商品販売額の構成比

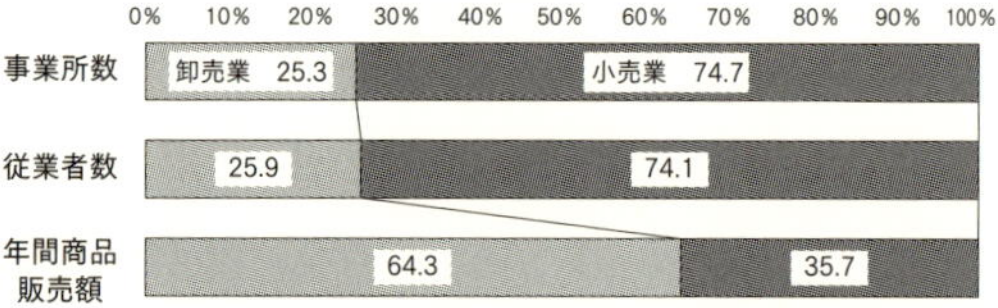

全国の事業所数、従業者数及び年間商品販売額

			平成26年（7月1日）	
			実　数	構成比(%)
事業所数	合　計		1,046,031	100.0
		卸　売　業	265,312	25.4
		小　売　業	780,719	74.6
従業者数	合　計（人）		8,672,803	100.0
		卸　売　業	2,804,386	32.3
		小　売　業	5,868,417	67.7
年間商品販売額	合　計（百万円）		492,804,280	100.0
		卸　売　業	364,909,392	74.0
		小　売　業	127,894,888	26.0

（注1）表頭中の（　）内は、調査の実施日である。
（注2）年間商品販売額は、調査年の前年の暦年を把握。

く運命にあるとされる一方で、自然淘汰の過程にあるという見方もされています。業績の良いところと悪いところがはっきりしてきて、ときに吸収合併が頻繁に起こっている結果が出ているからです。

個別に検討してみますと、卸売業の経営では、まず、商業性の高まりが見られます。そしてその

条件としての卸売事業所規模の拡大や取扱商品の品揃え幅の拡大、仕入れと販売地域の広域化、国際化、機能の高度化、多様な業態化、経営多角化、高度情報化、等々、そして新しい時代の経営としての戦略経営化が進展しているのです。このように日本の卸売業では大きな構造的な変化の時代がやってきていると考えられています。

こうした、全国的な卸売業の状況の中にあって、北海道の卸売事業者数は減少に一段と拍車が掛かっています。しかし、北海道の場合は若干様子が違っています。全体として卸機能が次第に失われつつあるからです。モノを運ぶ機能が失われることは、それとつながっている産業企業の衰退も意味します。

この点、「低生産性企業の退出が抑制される結果、経済の新陳代謝が低下し、経済成長が阻害されることを経済モデルとデータを用いて確認している」という説も出されています。

もともと盛り上がらない産業を抱えたままでは北海道経済活性化もままならない道理です。

この点のことは、これまで筆者もそれなりに分析を試みてきております（注3―2）。

基本的には、流通業の活性化が必要となるということなのです。

昭和六三年の「新千歳空港」の開港と同時に、国際エアカーゴ便が初めて渡来しています。そして三年後、日航が、香港・名古屋・新千歳空港・アンカレッジ・ニューヨークの貨物定期便を就航させ、その後の貨物便の活発化に期待を持たせました。

さらに、平成六年には、空港が二四時間開港運用開始となって、成田が満杯のときは、千歳にいつでも待機や貨物の一旦保管の可能性も増えるということで、エアカーゴ会社も設立されました。しかし、この会社は、一年で倒産してしまいました。荷動きがなく、何よりも運び出すモノがないということが最大の原因とされています。

この会社の例は、北海道にとってきわめて象徴的な出来事でした。つまり、北海道には、入ってくるモノは多いのですが、出ていくモノが少ないということです。

結論を先取りしますと、こうした構造的な赤字体質を改善しない限り、北海道の景気はいつまでたっても良くならないという認識がまずもって必要ということになります。

3－7 北海道の貿易の現状

3―5節でも見ましたように、北海道貿易状況については、(一財) 北海道開発協会「地域づくりの動向 (二〇二三年版)」が参照されます。それをみますと、令和四年 (二〇二二) の北海道の貿易額は、輸出が四二九五億円、輸入が一兆八四三〇億円となっています。貿易赤字額は一兆四一三五億円となっています。

実際に、これまでも北海道の貿易は赤字続きできておりまして、ほとんどが一兆円を超える規模で推移してきております。

これを詳しく見ますと、日本の貿易構造の特徴の一つは、輸入と輸出に地域的偏りがあるということです【図表3―17】。

この図を見ると、日本の貿易構造には、地域的に大きな偏りがあって、つまり輸出貢献地域（中部、近畿、九州）とそれに見合う輸入貢献地域（北海道、東北、関東）があることを示しています。明らかに、【図表3―17】に見るように、北海道は「輸入貢献地域」に入っています。

地域的偏りについては、かつて通商産業省（通産省）がハーフインダール指数で示していました【図表3―18】。

一方、北海道観光は、一時中国人観光客の爆買いなどで伸びてきましたが、ここへきて新型コロナウイルスなどの蔓延で大打撃を受けています。どちらかというと北海道はこれまで観光活発に比重をかけている（いた）きらいがありますが、このように観光はみずものと受け取っていた方がよいという印象もでてきております。

そもそも北海道は、域際収支や貿易収支の赤字が示すように、移入・輸入貢献地域です。移出入の赤字幅は、これまでも二兆円前後で推移してきましたが、平成二六年度（二〇一四年度）で一・九兆円になっています。であれば、域際収支の赤字のおよそ半分が、貿易収支の赤字ということになります。

【図表３―17】地域別貿易額

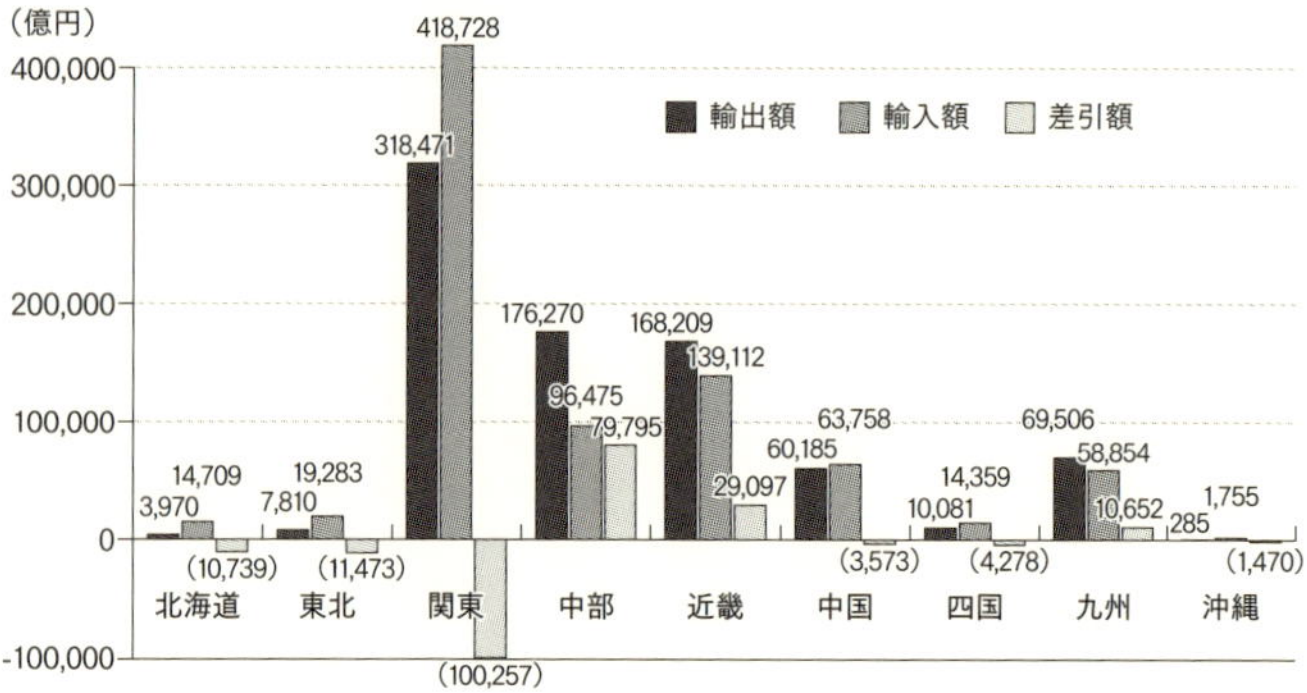

［出所］財務省「貿易統計」から作成

【図表３―18】輸出の地域集中度指数

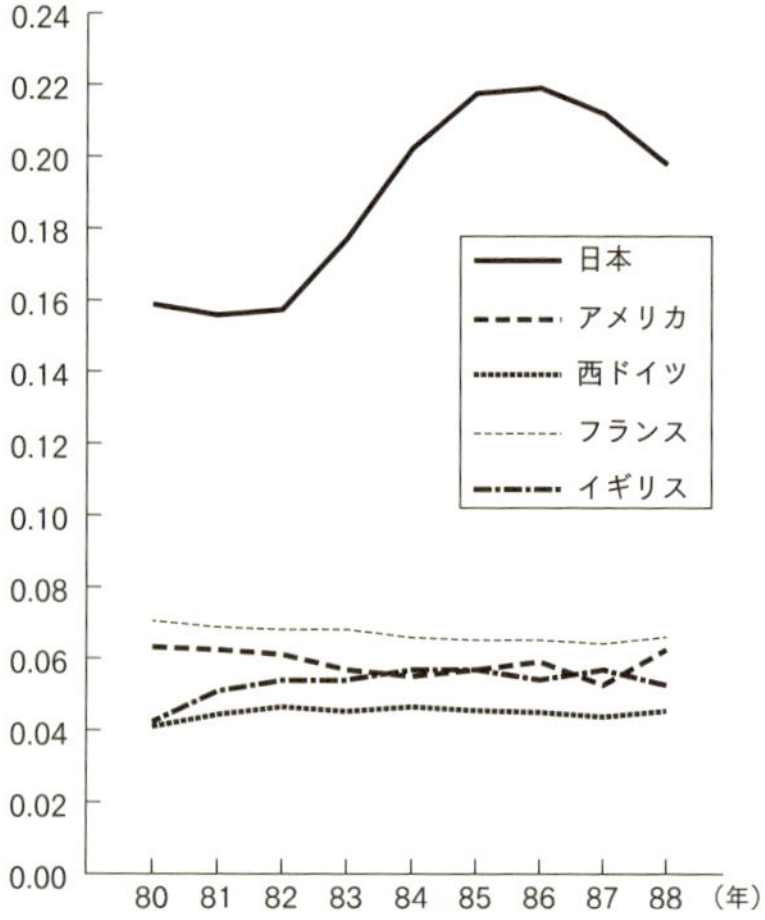

（備考）１．輸出地域集中度指数＝Σ(Ri)²：Ri は輸出総額に占める i 地域のシェア
２．88 年は１～６月データより算出。
（資料）OECD「A統計」
出所：通産省（1989）(23)。

こうした構造的な赤字体質を改善しない限り、北海道の景気はいつまでたっても良くならないという認識がまずもって必要ということなのです。

以上、これまで見てきた貿易状況における顕著な点を列記してみます。

（ｉ）日本全体では貿易黒字国（現在は若干赤字）

であるが、北海道は、明らかに常に貿易赤字地域である。
(ii) 北海道は、規模は小さいながらも輸出よりも輸入に貢献している。
(iii) 北海道の域際収支の赤字分の約四分の一（今や、二分の一）が貿易赤字によっている。

等となります。

このようなことがらは、北海道地域における貿易の活発化の必要性を促すための証拠と言っても過言ではないでしょう。具体的には、域際収支の赤字項目である貿易赤字を解消することに腐心すべき時が来ているということです。

道産品の間接輸出は小さい

北海道から海外への輸出については間接輸出がどうなっているかが問われる場合があります。直接道内の港から出て行く輸出に対して、一旦道外へ出て道外の港から輸出されるモノもあると考えられるからです（こちらの方が多いのではという人もいます）。

この間接輸出については、(社) 北海道貿易物産振興会が調べています。これによると、平成一四年の間接輸出額は五四・五億円（前年は、八〇億円あった）程度であり、したがって、函館税関通過の直接輸出額の二三一八億円のレベルには到底及ばないのです。

北海道経済活性化にとっては、北海道の将来へ向けての設計のし直しが必要となっていることに異を唱える人はいないかもしれませんが、問題は、そのための要素が何であるかです。つまり、活性化のカギを握る主要な製品は何か、それを誰がどの市場へどのようにして持って行くか（運んでいくか）を解決しなければならないのです。

この点は、第6章で検討します。

全道一円、モノは豊富にあります。日本全体では、食料自給率は、カロリーベースで四〇％程度ですが、北海道は二〇〇％です。食料の大部分が道内消費に回されていますが、それを道外・海外に持っていく発想が欠かせないのです。

現状打破の考え方は、観光のみでない。むしろ道産品の移輸出の活発化の方が必要ということなのです。

第3章の注と参考文献

（注3―1）　北海道経済部「令和二年度（二〇二〇年度）道民経済計算年報の概要」、令和五年一〇月。

（注3―2）　黒田重雄（二〇二〇）「北海道の産業遺産―かつての流通産業の活発化を見直す―」『開発論集』（北海学園大学開発研究所紀要）、第一〇六号（二〇二〇年九月）、pp.1-31。

第4章

これまでの北海道への提言にはどのようなものがあったか

この章では、今一つ盛り上がらない北海道をどうするかについて、これまであらわされた提言や説を見ておきます。これまでの説の中で有力なものを取り上げ、その内容を検討しておきたいと思います。それらのものは、いずれも筆者の考えとは若干異なるものであることを知っておいてもらいたいということもあります。

ここで取り上げられる有力説は、「道産子経営者にはもっとビジネス感覚が必要」、「加工品にしてもっと付加価値をつけることを考えるべきだ」、「これからは直販の時代だから中間業者はいらない」、「北海道はつねに国策と連動していなければならない」、「北海道は独立した方がよい」、「北海道改革論」、「大きいことをやるべきだ」の七点です。

4-1 道産子経営者にはもっとビジネス感覚が必要

まず、北海道人（道産子＝どさんこ）のビジネス感覚にまつわる提言です。比較的多いのは、道産子気質に関するものです。「おおらかさ」を持つとされる道産子の気質が、企業人としてやる気がないことの原因であるという指摘です。道産子は、まず、やる気をだすべしというものです。つまり、一般にもかなり認められていることとして、どさんこは「おおらか」で「話し下手」というのがあります。したがって、もともと企業家精神に欠けており、（まあ、そんなものさ）（うちは、悪い中でも、まあ良い方だ）で終わることが多い、ということから、道産子に対する「人材育成」の根幹にもおかれておりますが、創業者精神の大事さやマーケティング的意識を植え付ける必要があるとされるものです。また、関西方面の経営者からは、「北海道の経営者には、経営に対する積極性やマーケティングをやる気が欠けている」との調査結果も得ております。かつて、筆者等が行った地場企業経営者に対する調査では、情報だけは世界的視野で広く集めるが、実際の経営の方は「内輪志向」であるという結果も出ておりました。

つまり、北海道生まれの人（どさんこ）には、ビジネス感覚がない、商売は向いていないということのようです。確かに、言われてみれば実際に「やる気」があるのかと思わせるビジネスマンに出会うことも多々あります。

なぜなのか、私はずっと考えてきましたが、最近一つの結論に達しております。明治期に入ってからの北海道開拓に原因があるということです。

よく言われることの一つに、北海道人には、開拓者精神（フロンティアスピリット）が受け継がれているのであるから、もっとチャレンジ精神を発揮できるのではないか（すべきではないか）というのがあります。

本当にそうでしょうか。

歴史の書物によりますと、それまでの呼び名であった「蝦夷地」が、「北海道」と改称されたのは、明治政府によって開拓使の置かれた明治二年（一八六九）八月一五日のこととなっています。

最初の屯田兵が入地したのは、明治八年（一八七五）で、開墾の苦労は、北海道へ上陸したときから始まり、入植地に到達するまで、人と馬が通れるぐらいの道を、世帯道具や衣類などの荷物を持って、幼児や老人をいたわりつつ進まなければならなかった、とあります。

明治一八（一八八五）に開拓使が廃止され、北海道庁設置は、今からおよそ一四〇年前の明治一九年（一八八六）でした。

本格的な北海道の開拓は、開拓使の置かれた明治期に入ってからで、屯田兵をはじめ全国津々浦々から人々がどっと入植しました。そして、鬱蒼たる原始林や長期にわたる厳寒期などの厳しい自然の開墾には、老若男女誰彼なく一致協力して事に当たるしかなかったことが想像できます。そんな状況の中で「どさんこ気質」が出来上がっていったのです。

NHK世論調査所の「日本人の県民性」（昭和五五年）によりますと、道民の特性・気質として「おおらかさ」があげられております。それは、アンケート調査結果から他の都府県にはない以下の四点が浮かび上がったからというものでした。

（i）しがらみがないことからよそ者意識がない、（ii）宗教心が薄い、（iii）男女平等意識が強い、（iv）競争心が乏しい。

これらを総合した結果、自他ともに認める「おおらかさ」になったという訳です。このいわゆる「どさんこ気質」は、現在でも北海道の県民性意識をあらわす言葉として使われています。

ビジネス感覚の方からみますと、（iv）競争心が乏しい、が関係します。当時の一致協力して事（開墾・開拓）に当たる人々にとって、ビジネスにとって欠かせない「競争心」は無用のことでした。むしろ、あってはならないことだったかもしれません。

また、「食糧基地」としての役割を持たされたことから、必要なものを作れば、それで十分事足れりとする風潮が生まれたのではないでしょうか。「自然にまかせて収穫していればよい、言われた通り作っていればよい」の感覚です。つまり、収穫したモノ、捕獲したモノは大部分買い上げてもらえたことから、新製品開発や市場開拓などマーケティング感覚は醸成されなかったということです。厳しい自然の開拓はありましたが、市場開拓の方は必要のないことでした。世に言う「北海道においてはフロンティアスピリットがあるのであるからビジネスだって大いにやれるはずだ」という言い方における「フロンティアスピリット」は、ビジネスや市場開拓の方には無縁のものだったと考えられるのです。

では、開拓期以前はどうだったのでしょうか。第2章の北海道の歴史でも書かれていますがもう少し具体的に跡付けてみます。

恵庭市で、三二〇〇年前の衣類が発見されたといいます（恵庭市教育委員会所有）。新聞では、北海道にはオシャレな縄文人がいたらしいと書いていました。

野村崇・宇田川洋編『擦文・アイヌ文化』（新北海道の古代3）、北海道新聞社（二〇〇四）によりますと、本州における弥生時代～古墳時代に、北海道と東北地方北部で展開した狩猟、採集、漁労を中心とする文化があったとされています。また、時代が下って、七世紀ごろ成立したとされ、その終末期は一二～一三世紀ごろと考えられている「擦文（さつもん）文化時代」があります。「擦文」の由来は、北海道から一部東北北部に分布する文化で、擦文土器をともなったところから来ております。擦文土器が、胴部に刷毛《はけ》で擦《こす》った地文があることから命名されたとあります。

この擦文時代は、日本の奈良時代と平安時代に当たっており、擦文文化の人々は、河川での漁労を主に、狩猟と麦、粟、キビ、ソバなどの雑穀農耕から食料を得ていたようですが、わずかですが、米も見つかっており、これは本州との交易によって得ていたと考えられています。

また、擦文時代には鉄器が普及して、しだいに石器が作られなくなりましたが、普及した鉄器は刀子（ナイフ）で、木器などを作る加工の道具として用いられたと考えられています。他に斧、刀、装身具、鏃《やじり》、釣り針、裁縫用の針など様々な鉄製品が用いられたようです。銅の鏡や中国の銅銭も見つかっており、これら金属器は主に本州との交易で入手していたようですが、北方経由で大陸から入ってきたものもあったようです。製鉄は行わなかったと見られておりますが、鉄の加工（鍛冶）の跡が見つかっています。また青森県五所川原で作られた須恵器が北海道各地から出土しています。

擦文文化の人々は方形の竪穴式住居に住み、川のそばに大小の集落を作って暮らしていました。前代の続縄文時代後半の住居は検出された例が極めて少なく実態は不明です。擦文文化から本州の人々と同じくカマドが据えられるようになっています。

八世紀後半から九世紀後半に、北海道式古墳と呼ばれる小型の墳丘墓が石狩低地帯に作られています。氏家等編（『アイヌ文化と北海道の中世社会』、北海道出版文化センター、二〇〇六年）によりますと、擦文文化と本州の物流交易は、かなり活発化していたようです。すなわち、「北海道の擦文文化集団は、十世紀ころには確実に本州の物流経済の枠組みの中に取りこまれていったことが理解されるものであり、中世の北海道に展開する十三湊安藤氏および〈渡党〉による北方交易、さらには近世松前藩や江戸幕府によるアイヌ文化の人びととの交易につながる物流経済の基盤がこの時期に形成されたものと考えられる」とあります。

こう考えると、明治期以前の擦文文化時代やアイヌ文化時代の方が、人々の交易意識は強かったのであり、進取の気性に富んでいたのではないかと思われるのです。

こうして、筆者は、多くの「どさんこ」のビジネス感覚の欠如については明治期の開拓によるところが大きいとみています。明治の開拓が、人々の交易意識を押さえ込んでしまったとも言えるのではないでしょうか。

確かに、調査によると道産子気質は、全国津々浦々から人々がやってきて、厳しい自然と立ち向かって一致協力して開墾する状況が作り上げるときに出来上がっていった気質です。

北海道開拓の三本柱といえば、開拓使、屯田兵、開拓会社（例・依田勉三の「晩成社」）ということになるかもしれませんが、そして、彼らによって北海道のパイオニア精神は生まれたのだという説が一般的です。

この「どさんこ気質」は、開拓魂の代名詞として時に「パイオニア精神」と呼ばれ、新しいものに挑戦するときの精神的バックボーンとしても活用されています。

一方で、筆者は、当初は札幌市域の開拓や開発も中央区や琴似、白石などほぼ全域にわたって開拓使の計画に沿った屯田兵や開拓社の募集に応募した人たちによって行われてきたと考えていました。

要するに、われわれの頭の中では、単独での開拓などはできなかったと考えているということです。つまり、個人で北海道くんだりまで開拓にやってきて成功した人がいることは端から捨ててしまっている感があったということです。

実際はどうだったのか。確かに、多くの人々の協力は必要であったかもしれませんが、その開拓に協力する人は開拓者たちその人でなくてもよいのです。たとえば、お金さえあれば、多数の人夫を雇うこともできたはずだからです。

考えてみれば当然のことですが、開拓・開墾といえども結局は個々人の力が前提ということです。実際に調べていくうちに、宗教心や競争心もあり、しかも独立進取の気性に溢れた個人が開拓に携わっていたし、そうした個人の創意工夫によって大きく開拓されていったところが存在していることが分かってきているのです。

特に、寒冷地のため屯田兵にも禁止されていましたが、後にその重要性に鑑みて明治二〇年代入って解禁された米作を、札幌で初めて成功させたと考えられるのは、これら個人の開拓者たちでした。

こうしたことから、筆者としては、「北海道という鬱蒼たる原野（の開拓）は、今日いうところの常に新しいことに挑戦する〝企業家精神〟（アントレプレナーシップ）に満ちた人々の活躍場」として見る観点が、これまでは、やや欠落していたのではないかと考えるようになっています。

そうした企業家的成功者の典型例が上諏訪（現長野県諏訪市）出身の上島 正という人物であり、最初に札幌でコメ作りに成功し、後に彼が連れてきて札幌厚別地域（現札幌市厚別区）で開拓に携わった人たちなのです（注4―1）（注4―2）。

こう見てくると、官にしても民にしても、「北海道の開拓者精神は、内向きのものであった」と言えるのではないでしょうか。そう考えたときに、これからの北海道民には、もっと外向けのフロンティア精神を持つ必要があるのではないかと考えるようになっております。実際に、一部の道産子経営者は、道外のみならず、海外へでて活躍しております。

しかしながら、総じて言えば、一度できあがった精神構造を変えることはなかなかできませんし、また変える必要はないかもしれません。今日、ビジネスの世界では「スピード」が第一であると言われたりしておりますが、やがては、「スロー」や「おおらかさ」気質が求められる時代が来ると考えるからです。したがって、北海道活性化は、別の面（特に、依って立つ枠組みの変更というような）から達成されるようにするべきと考えております。

4-2 加工品にしてもっと付加価値をつけるべきだ

関西の財界人に対するある調査結果では、北海道の企業人はビジネスをやっていないと考えている人の割合が高いと出ていました。一方、北海道の素材を持ってきて、加工し付加価値を付けて北海道へ売って儲けているのが関西の企業人です。例えば、昆布をとってみましても、関西の企業によって調味料などに製品加工され、付加価値が付いて北海道へ移入されてくるわけです。

結局のところ、北海道の企業人は、良い素材はあるが、それを用いて加工品にするとか、また、それを販売するとかが下手であるということになりそうです。こうしたことから、単に素材提供で満足しないで、何とか北海道で加工してはという発想がでてきました。新鮮でよいものが出来るはずであり、しかも付加価値を付けて出荷できるメリットが期待できるということからです。しかし、これも現段階では、なかなかうまくいっておりません。

それにつけても、いろいろ教えられるのが、道南の南茅部町で作られた昆布加工製品です。昭和五六年（一九八一）に、町が「南茅部町地場産業センター」を立ち上げ、国内昆布総生産量の一五〜一六％を占める（平成四年）という上質でしかも大量に採れる町特産の「白口浜真昆布」で、菓子類、缶詰、だし調味料を作ったのでした。実際に、それまで素材を提供していた関西方面で加工されたものと味も形も遜色ない立派なものが出来上がっています。

北海道にとっては、「北海道で採れた素材を北海道で加工する」という北海道経済活性化を占う一つのモデルケースとして注目を浴びたわけです。しかし、売り上げが今一つということで、四年後には販売面の支援のためということで、特定商品以外の製造をやめています。その後「白口浜真昆布」のさらなる普及のため、近隣の学校給食提供と「焙煎こんぶ」などの製造を行うため、「地場センター」を直売・通販など販売専門とするとともに、加工中心の「南かやべ町こんぶ加工センター」を併設しておりました。なお、平成一六年に南茅部町が合併で函館市となったことに伴って「地場センター」も漁協中心の別組織に移行したようです。

しかし、あのような立派な加工品を作ったのであるから、もっとその製品での事業拡大を図って欲しかったのに、なぜかという疑問がわきます。

筆者の分析では、まず、販売要員不足が上げられます（販売担当者は一人であった）。次いで、一度出来上がった「既存の流通ルート」を突き破ることの難しさ、そして、流通ルートの新規開拓の困難さということにあったと考えています。

つまり、加工品にする場合は、既存の流通製品でも新製品でも道外におけるそれとの競合を避けるように工夫した方がよいということです。そうした意味での（北海道産の素材を利活用する）バイオ関連製品やその他製品の出現が期待されるのですが、まったく新しいものであっても、認知されるまで、市場が拡大するまでには、相当な時間が掛かることを覚悟しなければならないのです。

こうしたことを考え合わせますと、これまである素晴らしい道産品の市場開拓の方が先決ではないかと言っても過言ではないでしょう。

4-3

これからは直販の時代だ

前にも述べましたが、北海道の産業構造の特徴は、第二次産業（特に、製造業）の劣勢と第三次産業の肥大化であると言われてきています。このため か、商業（卸・小売業）については、個別には問題点の指摘はありましたが、特に、産業構造上の問題にはされてきませんでした。しかしながら、北海道では、もっと商業機能や流通経路の重要性についての認識を持たねばならないと思います。

モノ（商品）の流れる道筋を流通経路（流通チャネル）と言います。流通経路上に登場する事業者は、製造業者、卸売業者、小売業者です【図表4―1】。

このうち、卸売業者と小売業者を合わせて、一般に「商業者」（これは、狭義の意であり、商業者をもっと広く解釈する場合がある）と言います。商業者は消費者へモノを届ける役割を果たしてマージンを得る経営を行っています。したがって、消費者はメーカーの卸値に、小売と卸売の流通マージンを加算した価格でモノを購入していることになります。

最近、中間業者、特に卸売を飛ばした方が、消費者はモノを安く購入でき

【図表4―1】流通経路の例

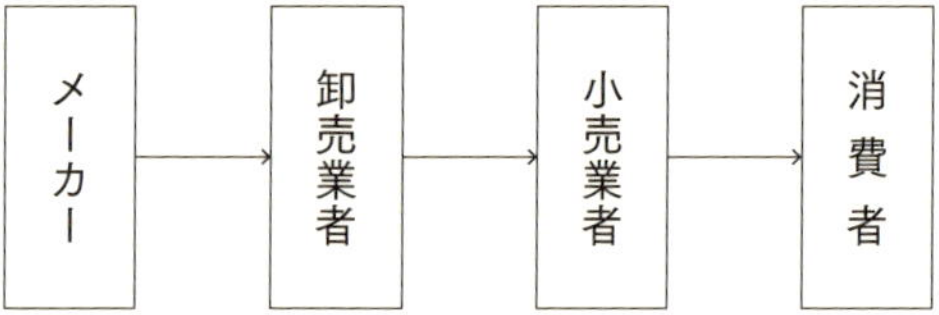

るのではないかと考える向きも出てくるようになりました。

昔あった「問屋無用論」の再来です。今日のインターネットによる販売がそうした考えを後押ししているように思われます。

かつての問屋無用論も今は消えておりますが、インターネットによる販売にもそれほどの期待は掛けられないようです。産地直送のイメージで流通マージンを排除できることから安さが売り物で、全国各地で大流行です。

これについては、北海道でもいろいろのものがでてきて、購買者がどれを選ぶか判断に迷うことがあります。そのため一軒当たりでは大した金額にはなりにくいのです。一村一品運動のときと同様の現象です。

平成一四年の秋、大学の紀要に「北海道経済活性化のためには新しい組織【北海道株式会社】の設立が必要である」という一文を載せました。その翌年、北海道新聞の広告紙のコラムにそのことが紹介されたとき、一般の方々（会社経営者）から何件かの問い合わせがありました。その中で、一番印象深かったのは、釧路の水産物販売会社の方からの電話でした。

「先生は本気でやる気でいますか。やるならやって下さい。実は、今困っています。水産物をインターネットを使って販売してみていますが、道外からも結構引き合いがあります。しかし、量が出ていかない。つまり、もっとたくさん買っても良いが値段をさげられないかとなります。精一杯ですというと、それ以上安くしないのなら、どこそこの百貨店で近く開かれる北海道物産展まで待ちますので結構ですと取引を切られてしまうのです」。

全国各地で開かれる人気の物産展が、インターネット販売における価格交渉の条件にされてしまっている、ということでした。

結局、個々でやっていては、不十分で、相乗効果を出すような仕掛けが必要とあらためて強く考えるようなっています。「まとめて、束ねて大量に外に出していく仕掛けが必要だ」という筆者の意をますます強くしたのでした。販売数量がある一定以上伸びないという問題です。

やはり、道産品が大量に出ていく仕組みを作る必要があります。そのことは、商業（卸・小売）の活性化がなければならないことを意味します。

4-4 北海道は常に国の政策と連動すべきだ

北海道が国策と一体化で行おうとした国際エアカーゴ構想がうまくいかなかったことは、すでに述べましたが、他にもあります。

特に、その施策として行った典型的な失敗例として挙げられているのは、輸入促進計画FAZ(Foreign access zone)と連動したことです。

北海道においては、平成九年（一九九七）に「時のアセスメント」（時代の変化を踏まえた施策の再評価）制度を導入しております。時のアセスメントの対象施策には、苫小牧東部地区第一工業用水道事業、松倉ダムの建設、白老ダムの建設、トマムダムの建設、「道民の森」民間活力導入事業、道道士幌然別湖線の整備、北海道地域輸入促進（ＦＡＺ）計画の推進、「医療・産業・研究都市づくり」の推進、救急医療情報システム事業などが入っています。このうち、いくつかのものは既に取り止めになっております。

その最たるものがＦＡＺであったと思います。日本が黒字を増やした結果、貿易摩擦問題が発生し、内需拡大、輸入振興が言われ、全国的にＦＡＺの推進が図られることになりました。

ＦＡＺ法は、平成四年三月に当時の通産、運輸、農水、自治の四省が協力して制定されたもので、ＦＡＺは輸入関連インフラ（施設、事業体）が、国際空港や外貿港湾及びその周辺に集積する地域で、総合保税地域を設定することが認められています。ＦＡＺで行われる事業は、二種類で、輸入促進基盤整備事業と輸入貨物流通促進事業でした。

平成四年（一九九二）一〇月に、計画作成地として北海道が決定しております。計画目標年次を平成一〇年として、北海道エアフロント開発株式会社（ＨＡＦ）が設立され、千歳空港の旧ターミナルビルを改装してインポートマート「ＮＥＷＳ」を平成七年にオープンしました。

しかし、キーテナントの中心企業が平成九年に破産するなどして、存続問題が発生しました。

こうして時のアセスメントにかかることになりました。その結果、平成一〇年一二月に計画の取りやめが決定しております。

つまり、国内政策に合わせる形で、貿易収支が大幅赤字の北海道にも導入されたわけですが、うまくいかず、結局「時のアセスメント」で検討され継続を取りやめにしたということです。FAZについて言えば、日本とは全く逆の政策、輸出促進政策をとらねばならなかったという反省が生まれています。

北海道は、第3章でも見たごとく、貿易赤字の地域です。輸入に取り組むことだけではなく、輸出振興こそが第一という認識を持たねばならないのだと思います。

4-5 北海道は独立した方がよい

今から三〇年以上も前、平　恒次・米国イリノイ大学教授（教授は、沖縄出身とのことでした）は、北大における経済・経営セミナーで、「北海道の内発的発展について」と題して講演し、「北海道が独立の国民経済だったら」として独立国としての費用対利益、日本国との関係などについて思考実験を展開しました。この独立国における活力の担い手は「企業家」であり、地域経済を支え革新しなければならないというものです。ところで、ここでの「企業家」とは、「人間の最小の社会的存在単位を作り上げ、固め、指導し、そこの生活の絶え間ない向上に貢献する人々」としています。

そして、「こういう類の「企業家」をどう政策的に発見し、育成できるものであるか、今のところ経済学では教えてくれません。北海道の市町村史においては開基の企業家が必ずといってもよいほど現れています。開基の企業家たちがどういう人たちであったかを詳しく調べてみることも、単位コミュニティーの持続的革新と発展にとっての必要不可欠な人材類型がわかってくるかも知れません」と結びました。つまり、平教授としては、北海道の活性化は企業活力に委ねる以外に方法はないのではないか、そのためには独立した方がよいとの考え方であったと理解しています。

講演の後の質疑応答では、賛否などいろいろありましたが、「独立論」は北海道をどうするかということを考えるときの、その当時の（今でもあるかも知れませんが）意見を代表する一つであったことは確かでした。

民族学者で文化勲章を受賞した梅棹忠夫氏も昭和三五年に「北海道独立論」を書いています（注4—3）。また、松下幸之助氏も昭和四三年に北海道の独立を語ったと言います。しかしこれは、独立国たる気概、心意気を持って自主性ある創意工夫を重ねることが大切であると言うことを強調したもののようでした。

その後も数多くの独立論が提起されてきております。

筆者としては、こうした説には、かならずしも反対するものではありませんが、仮に独立しても、今のままの仕組みを温存させているのでは経済活性化は望むべくもないとだけは言えると思っています。また、拠って立つ基盤やシステムを変えるというのであれば、独立せずとも、現行方式でも可能であるというのが筆者のスタンスです。

4-6 北海道改革論

現状改革論が、これまでで最も多く提起されていると思われます。経済団体や識者による北海道を盛り上げるための提言や説は多岐にわたっていますが、基本的には、まずは国などからの補助金をというのではなく、「北海道の自立」を如何に達成させるかについてとなっております。

北海道の自立にとって欠かせないポイントとして出されている代表的なものは、以下の三つでした。「官依存体質からの脱却」、「第二次産業、特に製造業の活性化」、「域際収支の赤字解消」です。そのための方策として、民間活力導入が重要とされ、第三セクター方式の事業が盛んとなっていったことは、すでに述べました。

その他の例として、具体的には、北海道経済同友会の「IT活用による北海道改革」がありました。現在、IT革命は、グローバリゼーションと並んで時代の二大潮流となっており、政府においても、平成一二年七月にIT会議が設置され、国会で「IT基本法（高度情報通信ネットワーク社会形成基本法）」が提出されました。北海道経済同友会の提言は、これを地方の新たな活力の源泉として、今後の北海道の活性化に生かす必要があるという考えをあらわしたものと受け取られています。

また、「北海道産業クラスター創造研究会」の事業の基本方針も、食・住・遊の関連産業分野を中心とした産業クラスターの創造、産業間・産学官連携による技術・ノウハウ・産業の集積化、北海道発の事業創造と事業家創出などで、中央依存型経済から自立経済構造への転換を目指すとしています。識者やシンクタンクからもいろいろな案が出されていまして、観光充実論、ソフトを中心とするハイテク産業創出論などです。それ以外の活性化のための提言としては、ものづくり、国際化推進、健康産業、人工知能の活用などに関連するものなどがあります。

総体的にみて、これまでの改革論の骨子としては、ほぼ四点に集約できるように思います。

（1）道産子のやる気を引き出す。（創業者精神論、人材育成策等）
（2）もっとよいものを作る。（IT産業育成策、産業クラスター創造、インターネット販売等）
（3）国内や海外で物産展を行う。（国際化推進策等）
（4）観光に力を入れる。（観光立国説等）

一方、北海道をどうするかに関する書物も注目すべきものが数多く出版されてきていますが、ここに、今から五〇年前に出された書物があります。表題は、「世界と日本の中の北海道を考える」（昭和五〇年）というものですが、筆者にとっては、傾聴に値する名著だと考えています（注4―4）。

その本の中のブレーン・ストーミング（四名の識者による座談会）で、以下のよう議論が展開されています。

阿倍三史氏（北大名誉教授）が、「今こそ眠れる五三〇万人（当時）道民の潜在力を揺り動かし、総動員するとき。中央ばかり見ないで自分の足で立ち上がる必要があるが、ビジョンがなければどこへ行くのかわからない」との問いに、早川泰正氏（当時北大経済学部教授）が、「昭和四九年度の開発予算にもその方向が出ているが、一つはエネルギー基地。これは石油だけでなく、南方資源に対する北方資源のもんだいもあり、道内と言うより、シベリア開発やサハリンの天然ガスの開発など、そういった方向へ広がって行くと思う。もう一つは、食糧基地。三期計画の中でも目玉になっているが、当然、日本の食糧の自給自足体制という中で北海道の役割を考えなければならない。略農を中心に、米やジャガイモなどの畑作。農業ではこれまで比較的問題にされなかったことで流通問題を大きく指摘できる。北見などでジャガイモやタマネギを生産しても運べず大量に腐らせている。農産品の輸送体制を早急に確立しなければならない。…また、精神的なバックボーンの確立が必要だ。北海道はこの一世紀、官依存の経済で進んできた。たしかにメリットは大きかったが、その反面温室育ちのため独自の開発、経済を生み出すというエネルギーが骨抜きにされてしまった。道はこれまでのように中央ばかりに向いていないで、徹底した地元産業の育成を図るべきだ」と述べます。

また、関清秀氏（当時北大文学部教授）は、三つの観点を指摘します。すなわち、白紙の立場で考える「創造性の観点」、全体との関連で考える「総合性の観点」、地域エゴにならず全国民あるいは全人類の福祉と進歩に貢献するという立場をとる「**国際性の観点**」です。

そして、森本正夫氏（当時北海学園大学教授）は、「三期計画の中心である苫小牧にしても、北海道の水と大地という資源をも企業資本の系列化に入れようとしている。北海道の地域社会は崩壊しつつある。道民意識の再確立が必要であり、道民の水と大地を守ることを大前提とした行政の早急な確立を提言したい。…もっと言えば、「人間資源」の大切さを見直すこと。これなくして北海道の、地域社会の発展はありえない」と力説しておられます。

こうした半世紀前の識者の目の付け所、先見の明には感服させられます。しかし、彼らの言ってきたことが未だに生かされていないことにも気付かされるのです。

4-7 出来る限り大きいことをやるべし

かつて小渕政権時代に経済企画庁長官（当時）に就任した堺屋太一氏が北海道を訪れ、「北海道は広くて大きいのだから、もっと大きなことをやるべきだ、二〇〇〇メートル級のプールなどはどうか」と述べたことがあります。筆者も当時は同じようなことを考えていました。平成三年に客員研究員として、アメリカ東部にあるマサチュセッツ州立大学に滞在していたときのこと、割と近くにあったタングルウッドの森の中で小沢征爾とボストン交響楽団が夏期練習をしているところへ出掛けたことがあります。鬱蒼たる森の中にぽっかりとひらけたところにきれいに刈り込んだ芝生と屋根付きの練習場があります。そこへ全米から大勢の人々が車でやってきて思い思いの姿勢で（ある人は芝生に座ってワインを飲みながら）交響曲を静かに楽しむのです。

筆者は、日本でこのようなことができるのは北海道だし、特に道東の阿寒湖周辺が当てはまると考えまして、その辺の森の中に大音楽堂でも作って、世界の一流の音楽家を呼んできて日本はおろか世界中から観客を呼んでくる構想はどうかと言ったりしておりました。

そのうちに、野幌原始林（森林公園）の中に空地を作って、弦楽四重奏を聞く会が催されたことがあります。これだと感じましたが、すぐに森林伐採反対の申し入れがあったとかで、それ一回のみでとりやめになってしまいました。日本では、環境破壊の問題が出てきてだめだとすぐに大音楽堂説を引っ込めたことがあります。

第４章の注と参考文献

（注４―１）　黒田重雄（二〇一一）「札幌の偉人・上島　正に関する一考察―なぜ、上諏訪（長野県）の武家の嫡男が札幌を開拓する企業家となったのか―」『開発論集』（北海学園大学開発研究所）、第88号、pp.128-166。

（注４―２）　黒田重雄（二〇一二）「札幌市域の開拓に貢献した企業家に関する覚え書き－札幌市厚別区は8名の企業家たちの開墾によって始まった－」『開発論集』（北海学園大学開発研究所）第90号、pp.115-140。

（注4—3）梅棹忠夫（一九六〇）「日本探検（第四回）高崎山」『中央公論』八月号、中央公論社、第八七三号、pp.221-248。（梅棹忠夫（一九九〇）「北海道独立論」『梅棹忠夫著作集・第七巻』（所収）、中央公論社、pp.107-172。

（注4—4）読売新聞北海道支社編（一九七五）『世界と日本の中の北海道を考える（上）（下）』、読売新聞社。

Shi

第5章

経済活性化策を成功させた事例

5－1

地域経済活性化と国際化

地域経済活性化と国際化の関係についての具体的な指摘は、四〇年前に遡ります。山崎充・小池洋一編（一九八四）『地域経済の国際化─転機に立つ中小企業投資─』では、概略次のように述べられています（注5─1）。

「地方の時代」というのは、地域が地域の個性を十分に生かし、主体性、自立性をもって地域づくりを行なっていこうということを簡潔に表現したものであると言える。この場合、地域が主体性、自立性を確立しようといっても、経済的基盤ができていなければどうにもならない。経済的基盤、ができていないのに、いくら地域の主体性、自立性を確立しようといっても、それは空虚なものとなろう。そこでこの経済的基盤を強固なものにするために、注目を浴びるのが地域産業である。これまで地域が経済振興を図っていく際にもっぱら頼ってきたのは、工場誘致とか財政の所得再分配機能であった。しかし、そうしたものに最近では多くを期待することができなくなってきた。この点については、もはや多くを語る必要もなかろう。となると、地域が「地方の時代」の基盤となる経済的基盤を強固なものにしていくには、どうしても地域産業を強化していかなくてはならなくなる。

地域産業に地域経済の主役的な担い手としてひと働きしてもらわなければならない。具体的には、既存の地域産業を再生していくか、地域産業にさほどみるべきものがないところは、新しく地域産業を創造していかなければならない。

最近の大分県に端を発し、北海道にも取り入れられている「一村一品運動」は、後者の代表的な例であるといってよいだろう。ここでは前者の既存の地域産業の再生に焦点を当てることにしよう。


として、今後は地域経済の活性化にとっては、国際化、つまり貿易の活発化がカギを握るという主張を展開していました。

ここで新しい産業の例として取り上げられている「一村一品運動」は、大分県の方はともかくとして、それを範にした北海道では成功したとは言い切れません。ただ、北海道では、その不成功の原因の追及や反省も十分なされないまま、今日、全国的に叫ばれている「地域ブランドの形成」という形で受け継がれているような気がしてなりません。これも「一村一品運動」と同じものに過ぎないのにです。

本章では、地方自治体が率先して経済活性化を図る考え方を地域の活性化策や「歴史」に学んでみたいと思います。

国内と海外の例があります。

5-2 現在の北陸地方の経済活性化に学ぶ

筆者は、前著『北海道をマーケティングする』（第2章）の中でも、北陸地方に注目していました。ここで、北陸地方とは、全国四七都道府県を一〇地方に区分したときの、一般的に、富山県、石川県、福井県の三県を指しています（ただし、総務省統計局の定義では、これに新潟県が含まれている）。

筆者が注目したのは、第3章でも見ましたが総務省統計局「家計調査」によると、北陸地方における「令和五年の一世帯あたりの一か月の平均家計収入（実収入、可処分所得）が、一〇地方中、最も高い」ことでした。

まず、総務省が出している平成一七年「家計調査」のうち道が集計発表している【図表5―1】があります。

この中で一番収入が高いのは北陸地方です。勤労者世帯の一ヶ月の収入が、北海道とは二〇万円近くも違うということですが、驚くのは私だけではないと思います。関東、東海（トヨタ自動車など大手メーカーがひしめいているので）あたりは高いとは思いましたが、それが問題にならないくらい北陸が高いのです（令和二年では北海道との差は九万円弱になっています【図表5―2】）。一体これはどうしてなのか。

この地方は元来、薬品や繊維とかが有名ですが、最近は、モノを作る機械が優秀です。その輸出も非常に好調で、つまり貿易を活発化させて伸びているということです。

筆者は、前著『北海道をマーケティングする』において、全国的に経済が停滞しているといわれる中にあって、関東や東海地方でなく、なぜ北陸地方の世帯収入が一番高いのか、についての分析はほとんどなされてこなかったこと、また、北海道経済活性化で重要なのは、道産品の輸出を活発化させることが基本的に重要であることなどを強調したつもりでした。

ところで、これだけ格差が言われている今日、北海道とどこかの地方との活性化の相違検討してみることが重要ではないかと考えています。というのは、中部経済産業

【図表5－1】全国・地方別の実収入、消費支出の比較（勤労者世帯）

地方	実額（円）		全国比	
	実収入	消費支出	実収入	消費支出
全　国	522,629	328,649	100.0	100.0
北海道	438,515	285,936	83.9	87.0
東　北	457,303	303,192	87.5	92.3
関　東	549,675	340,992	105.2	103.8
北　陸	645,700	376,431	123.5	114.5
東　海	539,225	337,577	103.2	102.7
近　畿	502,609	319,400	96.2	97.2
中　国	533,046	327,179	102.0	99.6
四　国	526,161	333,784	100.7	101.6
九　州	474,092	313,345	90.7	95.3
沖　縄	345,929	220,103	66.2	67.0

全国比：全国を100とした指数
出所：北海道企画振興部「平成17年家計調査の結果－総務省統計局・北海道分－」

局では、北陸地方と北海道との比較分析を行っているからです（注5―2）【図表5―3】。

これらは、北陸地方が製造業関連の指標において北海道や四国より優勢であることと、逆に北海道のそれらの指標の劣勢を示すことのデータになっています。また、なぜ北陸が製造業の活性化を生んでいるのかを考えさせるデータともなっています。

そもそも、北陸地方と言えば、もともと繊維工業や薬品を中心とする化学工業が盛んとして有名ですが、近年は、機械工業が伸びてきていますし、さらに貿易も従来通り活発化させています。

だからといって、北海道は何でもかんでも北陸の真似をする必要はないのです。北海道には北海道の持っているものがあります。ただ、筆者としては、輸出振興につい

【図表5―2】地方別の実収入と消費支出（令和二年）

地方	実額（円）		全国比	
	実収入	消費支出	実収入	消費支出
全　国	609,535	305,811	100.0	100.0
北海道	576,712	296,321	94.6	96.9
東　北	553,162	290,042	90.8	94.8
関　東	653,549	321,811	107.2	105.2
北　陸	662,374	308,445	108.7	100.9
東　海	628,281	306,464	103.1	100.2
近　畿	572,675	289,617	94.0	94.7
中　国	573,951	297,717	94.2	97.4
四　国	572,935	282,447	94.0	92.4
九　州	565,808	305,441	92.8	99.9
沖　縄	390,162	226,090	64.0	73.9

全国を100とした指数

ては見習いたいと考えております。つまり、持てる力を発揮していないというのは、よいものを海外へ向けて発信していないということです。それをやっていないところに北海道の根本的な問題があるのです。

いずれにしましても、地方ではこのような収入面の格差があって、その結果、消費支出の格差も生みだしていくわけで、やはり、経済的に活性化しなければならないということを考えておく必要があると思います。

とにかく、筆者は、かねてから北海道は道産品の輸出を活発化させることが最も重要ということを主張してきていますが、そのための秘訣を北陸地方から学ぶ必要があるのではないかと考えています。同時に、その分析が、北陸地方の家計収入の高さや消費性向の低さの中味も明らかにしてくれると期待されるのです。

北陸の産業構造

これも、中部経済産業局の分析が参考となります【図表5—4】。

【図表5—3】北陸・北海道・四国の比較

	北　陸	全国シェア(%)	北海道	四　国
人口（千人）	3,079	2.4	5,544	4,059
事業所数（千ヶ所）【製造業】	10	3.8	7	8
従業員数（千人）【製造業】	309	3.6	190	233
製造品出荷額等（十億円）	8,996	2.7	5,740	9,384
付加価値額（十億円）	3,175	2.9	1,710	2,825

【図表５―４】北陸地域の経済指標

		北　陸	全国シェア	全　国
総面積	㎢	12,623	3.3	377,944
総人口	千人	3,079	2.4	127,076
地域内総生産	億円	124,111	2.4	5,188,241
第１次産業	億円	1,484	2.5	59,341
第２次産業	億円	38,781	2.8	1,393,417
第３次産業	億円	88,004	2.2	3,937,152
１人当たり所得	千円	2,884	－	3,069
事業所数	所	171,377	2.9	5,903,617
就業者数	千人	1,598	2.6	61,506
製造品出荷額	億円	89,956	2.7	3,367,566
小売業販売額	億円	34,196	2.5	1,347,054
卸売業販売額	億円	62,663	1.5	4,135,317

北陸の移輸出構造

冒頭に掲げた書物『地域経済の国際化―転機に立つ中小企業投資―』（注５―１）では、北陸地方（富山、石川、福井）の輸出活性化の状況を分析しています。

北陸（富山、石川、福井）―高級化で伸びる繊維輸出

貿易圧力が増してきた。繊維工業の比率高い。輸出の五五％が繊維であった（一九八二年）。その後、次第に、金属加工、電気機械などの輸出が盛んとなる。直接貿易を図る企業が多くなってきた。海外投資も増大しつつある。この当時の北陸の地域経済の国際化の中心は、業種的にみると、繊維工業と機械工業である。国際化の進展が著しい福井県の眼鏡工業である。

それから三〇年近く経って、国際化はどうなっているか。

【図表5―5】北陸地域輸出通関額

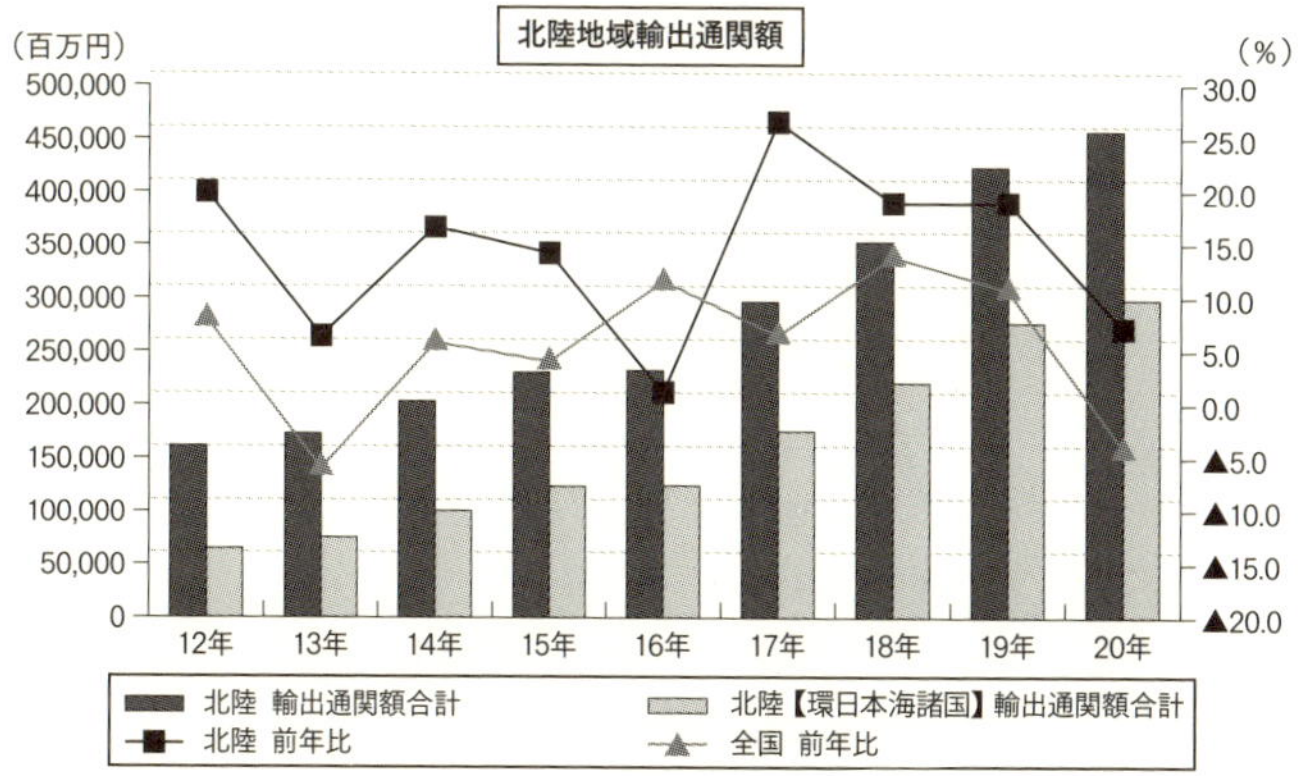

まず、輸出ですが、平成二〇年まで年々増加しているものの伸び率は鈍化しています。また、「環日本海」とは、韓国、中国、ロシア、及び北朝鮮の四ヵ国を指しますが、この「環日本海圏」への輸出は、輸出総額の三分の二を占めています【図表5―5】、【図表5―6】。

一方、輸入についても輸出同様増加傾向にありますが、全体として成長鈍化です。「環日本海諸国」からの輸入は、輸入総額の四分の一を占めています【図表5―7】。

北陸から学ぶもの

筆者は、北海道経済活性化を研究している中で、北陸地方の生活内容のよさに気づき、その理由を探すため資料集めをするようになりました。それらを筆者なりに検討した結果、北陸地方の特徴として浮かび上がらせてみたものは、以下の二点です。

(a)有効求人倍率も好調であることもあり、家族の有業率が高い。したがって、世帯収入も多くなる。
(b)国際化に積極的で、企業の輸出志向性も高い。

【図表5—6】環日本海諸国への輸出通関割合

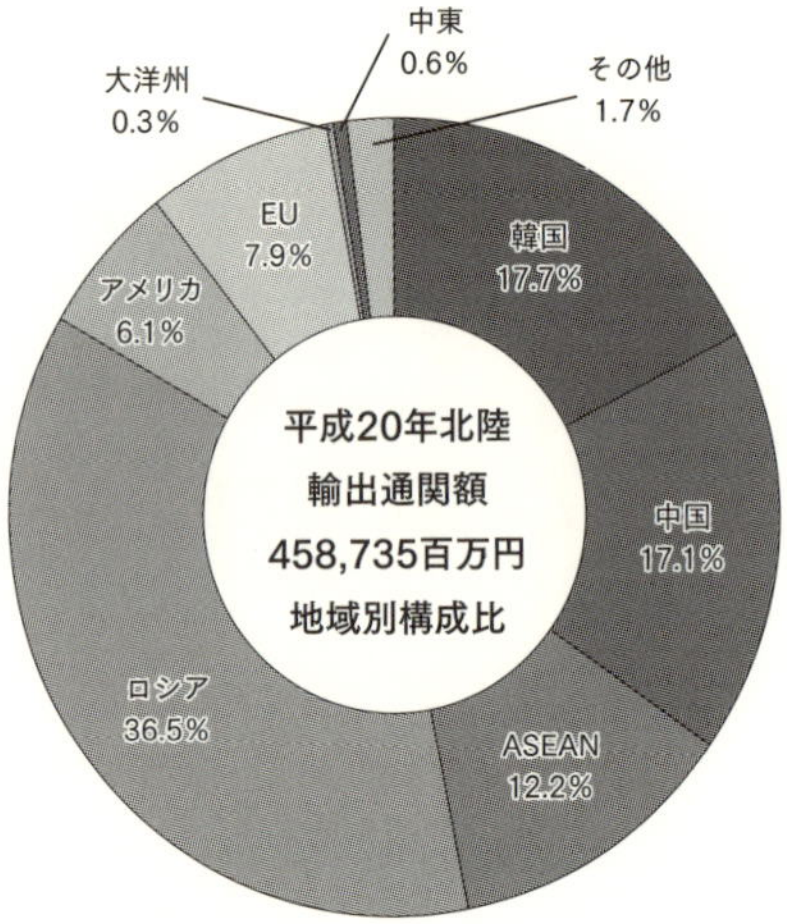

［出所］財務省関税局

【図表5—7】北陸地域輸入通関額

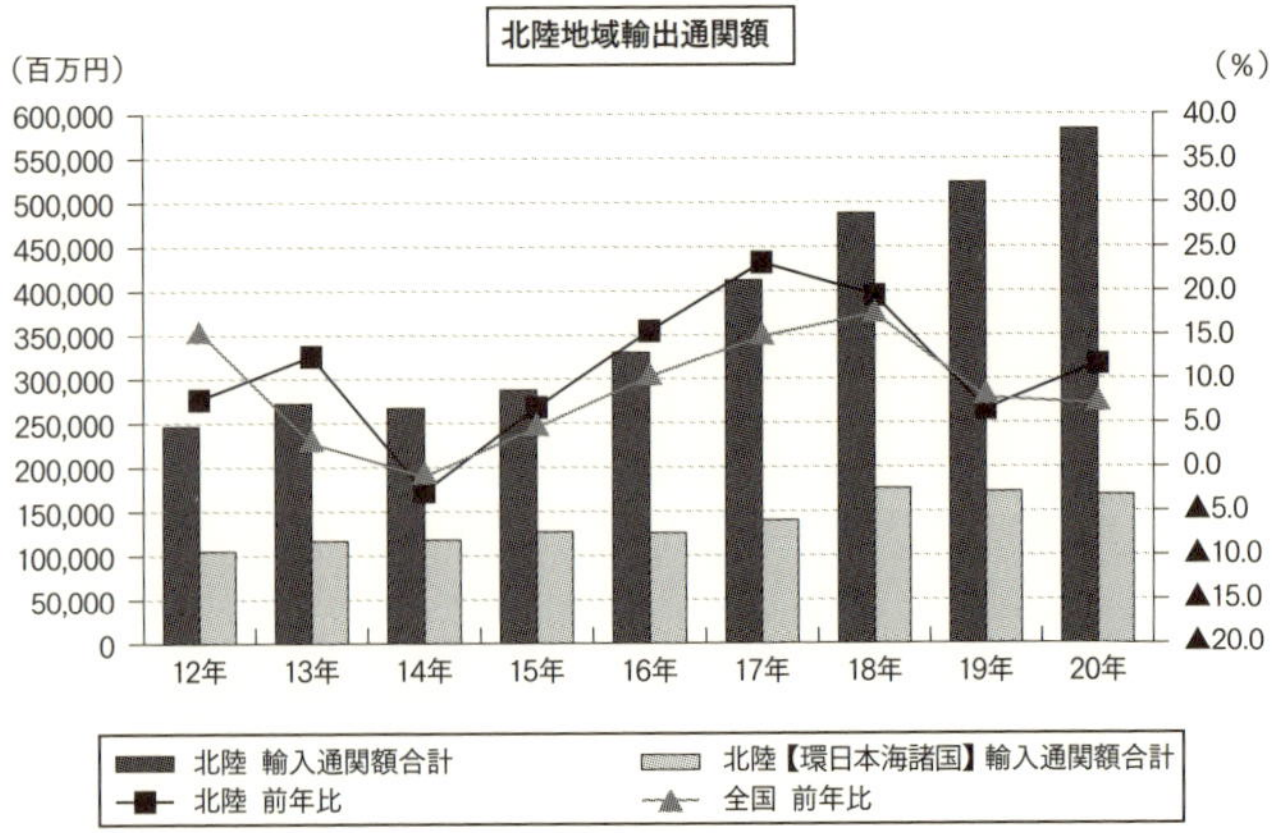

5－3

北欧諸国の経済活性化方式からも学ぶ

北海道経済活性化を考えるとき、活性化の例として、よく引き合いに出されるのは北欧諸国です。北欧諸国と日本国内の地方や県レベルとの比較はほとんど皆無といってよい状況です。

平成二七年三月の週刊誌『週刊ダイヤモンド』の特集は「北欧に学べ――なぜ彼らは世界一がとれるのか――」でした（注5―3）。

この特集の意図は、「イケア、H&M、レゴ、スカイプ、スポティファイ――。四か国で人口わずか二五〇〇万人の北欧から、世界企業が次々と生まれている。彼らが世界で成功する理由は何なのか。国はどう関与しているのか。また、日本人はなぜ北欧に憧れるのか。四カ国の企業や政府、デザイナーまで現地で徹底取材し、明らかにした。」でした。

たとえば、北欧はこんなところです、と紹介している。それによると、とりもなおさず各国は、貿易志向であり、そこでの「輸出依存率の高さ」が示されています。すなわち、

ノルウェー：人口五一〇万人、輸出依存率三〇％。

デンマーク：人口五五九万人、輸出依存率三三％。

フィンランド：人口五四五万人、輸出依存率二九％。

スウェーデン：人口九六四万人、輸出依存率三〇％。

注目されるのは、世界的企業がいくつもあって、比較的豊かな国々であるのは、貿易を重視していることのあらわれであると想定できます。なぜならば、それぞれの国の輸出依存率は、三〇%です（特に、デンマークは三三%）。

日本はかつて貿易立国と言われましたが、現在の輸出依存度は高くないのです。ちなみに、北海道総合政策部計画局統計課の「平成二七年　北海道統計書」によりますと、平成二五年時点で、日本全体では、せいぜい一五%です（北海道は、二・五%程度です）。

北海道と人口数でほぼ似通った北欧の国々が如何に輸出に力を入れているかが分かると同時に、小国が経済活性化するためには、輸出第一に官民が一丸となって行動することの重要性が示唆されるのです。

日本と北欧では、気候や地勢、歴史・文化が違い過ぎて比較はできないのではないか、と思いがちですが、国の繁栄を如何にして達成させるかでは学ぶべき点は多々あると考えるべきではないでしょうか。

内村鑑三によるデンマークについての講演

かつて内村鑑三もデンマークについて示唆に富む講演を行っています。彼のデンマーク（デンマルク国）の話の講演は明治四四年（一九一一）です。それが著書に収録されています（注5―4）。

鑑三は、まず、「デンマークが一八六四年の戦争に敗れプロシヤとオーストリアにシュレスイッヒ・ホルスタインの二州を割譲されたが、ユグノー党出身のダルガスという男が、残された不毛の地といわれた領土に樅の木を植え国土を豊かにし立ち直った」という話を紹介しています。

この話を前提に、鑑三は以下のように述べています。

「国は戦争に負けても滅びません。実に戦争に勝って滅びた国は歴史上けっして少なくないのであります。国の興亡は戦争の勝敗によりません、その民の平素の修養によります。善き宗教、善き道徳、善き精神ありて国は戦争に負けても衰えません。否、その正反対が事実であります。牢固たる精神ありて戦敗はかえって善き刺激となりて不幸の民を興します。デンマークは実にその善き実例であります」と。

5-4 北海道経済活性化における道産品の輸出振興について

一国の富の増大には、貿易の活発化が重要であることは言うまでもありませんが、国内の一地域が海外のある地域との貿易を行おうとする時、いつも筆者が思い出すのは、第2章でも見ました、アメリカの国際経済学者のポール・クルーグマンが述べた、「国家間ではなく地域間交易の重要性に注目すべき」という言葉です（注2—17）。

北海道は、現在、北海道新幹線も函館まで開通して道内各地域も新たな観光ブームを巻き起こそうと躍起になっています。

筆者は、かねてから北海道経済活性化のためには、観光も重要だが、もっとやらなければならないのは「道産品の移輸出の増大」であるとしてきました。

そのためのモデルとして北陸地方（北陸三県：石川県、富山県、福井県とときに新潟県を含む）方式を取上げ、その活性化の考え方を範としてはどうかと述べてきています。

その方式で最も注目したのは県産品の海外輸出の積極性でした。

もとより、道もその点は承知しており、最近、ＡＳＥＡＮ諸国との貿易活性化の足掛かりとするため、シンガポールに経済交流拠点を設置すべく、予算計上に入ったことを報じています。

これについては、筆者としてはやや問題なしとしません。というのは、道は、かつて同じような意味合いでシンガポールに拠点を設けて閉鎖している経緯があるからです。すなわち、道は「北海道シンガポール事務所」を、平成九年に開設し、平成二〇年に閉鎖しているのです。

それというのも、筆者は、平成八年の道の「道産品推進」に関する審議委員会の検討委員として「北海道東アジア事務所」（仮称）選定にかかわっており、最終的に（旧）「北海道シンガポール事務所」の開設を決定していた一人でした。

結論的に言えば、研究者の間でも北海道における《商（交易）》の役割についての議論はほとんどなかったと言っても過言ではありません。こうした《商》についての言及がないことは、「国際貿易についての関心」を低下させる働きを醸成してしまっていたと言えるのです。

こうして、筆者は、今また北欧諸国から学ぶことを進言しています。

北陸、北欧諸国などにおける輸出に対する積極的姿勢を学ぶべきではないかということです。

第5章の注と参考文献

(注5—1) 山崎　充・小池洋一編（一九八四）『地域経済の国際化—転機に立つ中小企業投資—』、アジア経済研究所、pp.2-26。

(注5—2) 中部経済産業局　北陸経済調査室「北陸経済のポイント2009」。

(注5—3)「北欧に学べ——なぜ彼らは世界一が取れるのか——」『週刊ダイヤモンド』、二〇一五年三月一四日、pp32-81。

(注5—4) 内村鑑三（二〇一二）「デンマルク国の話」『後世への最大遺物・デンマルク国の話』、岩波文庫。

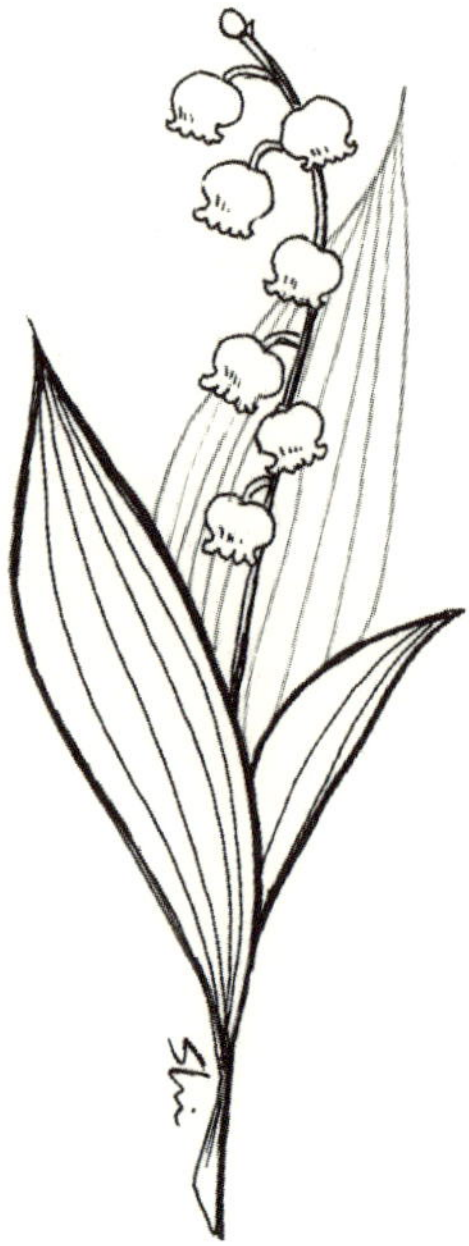

第6章

私の提言

北海道をマーケティングする

提言1　北海道経済活性化はオール北海道で

これまで、北海道の現状、政策の考え方と取られてきた施策、北海道をどうするかの提言など長々と見てきましたが、ここからは、筆者の提言となります。

6-1　道の「北海道総合計画」の策定について

道では、道民からの意見をもとに、「北海道総合計画」を平成二八年三月に策定しています。

この計画は、今後一〇年間（平成二八年度～令和七年度）の道政の基本的な方向を総合的に示すもので、道民とともに考え、ともに行動するための指針となるもの、となっています。

目標の設定には、指標区分、「1．生活・安心」、「2．経済・産業」、「3．人・地域」毎に、指標項目を考え、合計八〇本を抽出し、それらごとの「現状値」と「目標値」を設定するというものです。

「北海道総合計画」では、計画の推進状況について、知事の附属機関である北海道総合開発委員会のご意見を伺いながら、中期的な点検・評価を実施し、その結果を公表することとしています。計画策定から三年が経過した二〇一九年度、北海道総合開発委員会や専門部会を開催し、ご意見を伺いながら、計画策定後の経済社会情勢の変化や政策の進捗状況、道民意識の把握などを通じて中期的な点検・評価を行い、数値目標の達成状況や施策の取組実績等を踏まえた上で、計画の今後の推進方向について「北海道総合計画の進捗状況と今後の展望」として取りまとめました。

道は、八〇項目一遍には推進できないので、まずは一〇項目抽出して取り掛かるとしております。しかしながら、こうした総花的な方式検討は、得てして「あちら立てれば、こちら立たず」になりがちということで注意が必要です。

過去の北海道マクロ経済モデル

これまで、道は、道内外の環境変化や国の経済対策等が、本道経済に及ぼす影響を計量的に把握する目的で、「北海道マクロ経済モデル」を開発し、平成三年度（一九九一年度）に発表しています。特に、公的固定資本形成の増加が本道経済に与える影響や公定歩合等の低下が本道経済に与える影響などのシミュレーションを行ったものでした。

この「北海道マクロ経済モデル」は、二七本の構造方程式と二二本の定義式から成る方程式体系です。構造方程式の推計には普通最小二乗法（ＯＬＳ）のほか、必要に応じコクラン・オーカット法（ＣＯＣ）が用いられています。

しかしながら、道としては、近年「予測が当たらない」などの理由で大型計量モデル予測に対する批判が強まっていることもあり、また、モデルを活用できる場面も少ないことから、これ以後のモデル分析（メンテナンス）を中止している旨が付記されていました。

過去を引きずるような手法は変える必要がある

「産業連関」とは、「経済活動が、産業相互間、あるいは産業と家計などの間で密接に結びつき、互いに影響を及ぼし合っていることから、このような各産業の投入と産出に関する経済取引を一片の形にあらわしてみること」です。

「わが国の産業連関表」は、総務省より、五年ごとに、各産業の投入と産出に関する経済取引を特定の一年間についての一覧表として報告されています。

こうした手法は、これまでの実績（データ）を前提として将来を展望する形をとるものです。過去を出来る限り単純化した形にまとめ、それらを将来に引き延ばすという考え方をとっています。

仮に、そうした単純化に問題があれば、また、出来る限り現実に近づけたい点があるのであれば、そうした内容をあらわすモデルの構造方程式や定義方程式の本数を増やせばよいのです。

このような分析結果を評価する場合、どちらかというと、これまで悪いところは悪く、良いところは良くなるように受け取ることが多くなります。やがては、構造的不況産業・不況業種とされたところは消えていく運命を辿ることを納得させられる材料になったりします。

経済が安定しているときにはこうした方法は相当な効果が期待できると思われますが、今日のように変化の激しいときにあって将来の方向性はいかにあるべきかを考える手段として相応しいものとはいえないでしょう。例えば、卸売業のように今は構造的不況業種でもこれからの北海道経済活性化のために相当程度盛り上げていかねばならないとか、また、これまでにない新しい産業構造を構築して出発しなければならないとかいうときに、過去の構造を引きずる方式を使っていては、将来の方向性はなかなか見えてこないということなのです。

実際上、商業、特に北海道における卸売業の重要性は、そうした分析から帰結できないことは明らかです。つまり、北海道の場合は、これまで通り、それぞれが持っている営業としての機能を存分に発揮して貰う必要があるのに、産業連関分析では、その点のインプリケーションを引き出すことが難しいということなのです。

したがって、そうした分析方法に代わる考え方や手法はあるのかを検討しなければならないということになるのです。

6-2 ハーシュマンの「経済発展の理論」の活用

連立方程式体系モデルや産業連関モデルや総花的な要因検討では解き明かせないときは、アルバート・O・ハーシュマンの「前方連関効果」を考えたいのです（注6―1）。

ハーシュマンの理論は、ヌルクセ的均整成長理論（balanced growth）に対する不均整成長理論（unbalanced growth）です。つまり、経済発展過程の本質は、「不均整発展の連続」と捉えます。より大きな後続投資、より強力な発展力を引き出すような産業を先行さすべしというものです。

この契機関係を連関効果と名付けます。産出物利用効果もしくは「前方連関効果」（forward linkage effects）と投入物供給効果、派生需要効果もしくは「後方連関効果」（backward linkage effects）との二種です。

筆者は、ここにおける「前方連関効果」に注目します。

その点を「玉送り理論」として図解して説明します。運動会などで「玉送り」といって一列に並んで頭の上で次々に後ろに玉を送ってゆく競技があります【図表6―1】。

そのときに途中で玉を落としたり、玉を運ぶ人がいなかったりした場合は、当然、玉は後ろに送られていかないということになります。まさに、流通過程において中間にいる商業の役割も同じで、物を運ぶという機能を十分発揮していなければスムーズに最終の買い手（消費者市場）に渡ってい

【図表6―1】運動会の玉送り

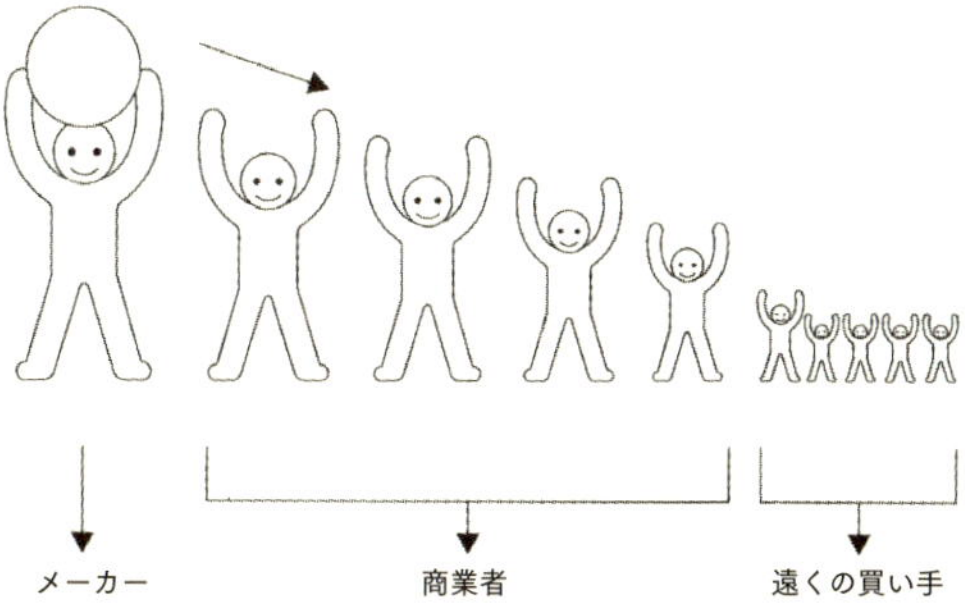

かないということです。

特に、遠くの買い手ということになりましたら、次々に玉が受け継がれていかなければならないことを意味します。

これを経営に当てはめると「ファブレス経営」方式（後に説明します）となり、前の方にある企画・設計に刺激を与えることは「後方連関効果」であり、後の方にある市場の創造・拡大に影響を与えることが「前方連関効果」となります。

現在、北海道は、この玉を送るべき商業、わけても卸売業が、ほんの一握りの企業を除いて、非常に力が弱く、動きも鈍いのです。

商業の定義は、【図表6―2】に表しています。

このうち、直接商業（卸売商業・小売商業）が重要です。北海道と全国の商業統計は、【図表3―16】（ともに平成二六年）のようになっております。

全国的には卸の活性化の度合いが高いが、北海道ではこの部門が劣勢となっています（注6―2）。一方では、卸売業は構造的不況業種だから悪くなるのは仕方がないとか、流通コスト切り下げの面から見てもそういうところは飛ばした方が効率的で安上がりになるとか言われています。しかしながら、卸がなくなっていくのは時代の流れと受け止めておいてよいものでしょうか。そうすると、モノが後ろの方に、また遠くの消費者に渡っていかないということを認めることになるわけです。

筆者は、北海道は、出来る限り遠くにモノを運ぶため、この部分を盛り上げる、活性化させる必要があると考えています。

これまでは、産業連関表やマクロ経済モデルなどを作成して経済予測を行ってきていますが、こういう手法は、過去のデータを前提としている

【図表6―2】商業の定義

商業の領域

- 最広義商業
  - 広義商業
    - 商品売買業（狭義商業）
      - 貿易商品売買業
      - 国内商品売買業
        - **直接商業（卸売商業・小売商業）…（最狭義商業）**
        - 仲継商業（問屋・商品仲立入代理商）
    - 広告業
    - 通信業（電信・電話業・放送通信業）
    - 運送業（鉄道・自動車内水路・海上・航空の各運送、および陸上ならびに水上の小運送）
    - 倉庫業（普通・特別・分置保管・混合保管・加工・保税などの倉庫）
    - 金融業（銀行業・信託業・無尽業質屋・証券売買業など）
    - 取引所（商品および証券取引所ならびにその関係業者）
    - 保険業（各種の生命保険および損害保険）
    - 商品仲立人以外の仲介業（手形・船舶・保険・運送・広告などの各仲介入）
  - 賃貸業（土地・建物・各樹齢賃貸業）
  - 場屋取引業（旅館・飲食店*・理髪店・浴場・劇場・映画館・寄席・球戯場・麻雀屋・ダンスホール等）
  - 電気・ガス供給業
  - 印刷・撮影業
  - 他人のためにする製造加工業（委託・注文などによる製造加工）
  - 作業請負業
  - 労務請負業
  - 不動産売買業（土地建物などの売買業）

＊：「商業統計」では、小売業に含まれている（筆者注）。
出所：久保村隆祐・原田俊夫編（1973）『商業学を学ぶ』、有斐閣選書。

関係で、これまで悪かった産業はさらに悪く予測される可能性があることになります。まったく新しい仕組み作りを考えねばならないときに過去のデータに拘《こだわ》るような考え方は採るべきではないでしょう。

従来の予測方式に代わって、モノが人から人へ（産業から産業へ）渡っていく（したがって、それに携わった人や産業が潤う）という内容を持つ「玉送り理論」を提唱する所以です。

ところで、北海道では、生産から卸までが大部分小規模零細経営となっています。

すなわち、

メーカー（小規模）↓　卸（小規模）（↓　小売　↓　市場）

その結果、（小売＋市場）も小さくならざるを得ない状況にあるのです。出来る限り大きな市場に対応しようとしますと、卸を束ねる必要性も生じてきます。

結果として、一つの可能性が明らかとなります。

メーカー（小規模）↓　メーカーを束ねる・卸を束ねる↓
卸（大規模）↓より大きな市場をカバー

北海道においては、小売り部門には大規模なものが相当数出現してきていますが、今後は卸部門の大規模化が重要となります。例えば、東アジアや南アジアのような巨大市場に対応するような場合、取り扱い企業には「商社機能」を有する必要性があるわけです。

6-3 道産品の海外における人気度を見る

国内における食材としての道産素材の活用は、定評のあるところで今更強調するまでもないでしょう。かつて新聞でも特集されていましたが、道外にあって全国的に有名な食料加工品のかなりの部分が道産食材であることは驚くほどです（「北の食材」『北海道新聞』の「日曜版」、平成一三～平成一四年）。

例えば、「伊勢の赤福」（和菓子の単品では売上日本一（一〇〇億円）であるが、アンの中に入った餅の原料もち米の九〇%は、名寄産）、「いもぼう」（京都の会席料理の一つで、食材の棒だらは、稚内産）、「博多の辛子明太子」（スケソウの卵「たらこ」は、釧路産）、「ユリ根」（真狩村など後志管内・空知管内、関西、東京などの高級料亭の食材など、その国内需要のほとんど一〇〇%）、「中国広東料理、薬品、乾燥ホタテ貝柱」（オホーツクの猿払、常呂）などなど挙げたら切りがないほどです。

海外でも「北海道ブランド」が有名になってきております。その証拠に、平成八年に香港へ行ったとき、スーパーマーケットで、パックの表側に漢字とカナ混じりの印字で「北海道うどん」と「北海道ラーメン」が売られていました。ただ、裏を返すと前者は、韓国のメーカー名、後者は新潟のメーカー名が刷られていました。

また、平成一七年に上海へ行ったときのこと、上海の高級百貨店「久光」の食料品の菓子コーナーで購入した中国製ミルク・キャンディのラベルには「北海道風味」（実際はココナッツミルクらしいのですが）と入っていました。POP広告にも大きく「北海道ミルク味」とありました。製造業者は中国広東省の△△食品会社、販売業者は香港の○○会社となっておりました。

このとき、一般のスーパー「上海市第一食品商店」で売っていた日本語名の「北海道・生クリーム・チョコレート」を購入しましたが、製造業者は、名古屋市にある「名糖産業株式会社」でした。

さらに、平成一八年に、シンガポールで経験したことです。マリーナ・スクエア・ショッピング・センター内にある日本食レストラン「AB茶房」（東京本店）の店頭に、「HOKKAIDO MILK」と書かれていました。

店長に理由を聞きますと、「HOKKAIDO MILK（北海道ミルク）は、こちらシンガポールでも有名ですから、使わせてもらいました」という答えでした。

道産品に対する中国の消費者やバイヤーの意識

道が、平成一六年に実施した中国上海の消費者に対して行ったアンケート調査結果も、また、筆者等が、平成一七年一一月に中国上海のバイヤーに対して行ったアンケート調査結果も、両調査から読み取れる状況としては、道産品はかなり浸透しており、少々高くても購入したい意向が増大しつつあると言うことでした。

現在、中国は日本産食料品の買い控えを行っていますが、やがて収まると考えられ、これだけ定評のある道産品を、さらにもっと出していく手立てが必要となります。そこで、これから道産品を誰がどのように取り扱っていったらよいかを考えてみます。

6-4 道産品をもっと出していくために必要なこと

経済学者の神野直彦教授は、著書『地域再生の経済学―豊かさを問い直す―』、（中公新書、二〇〇五）において、現行の体制では、地方自治体は、中央政府との関係で、歳出と歳入の両方の自治を奪われていると述べています。であれば、もし、歳入の自治がなければ、歳出を削減するしか道はないのかもしれません。しかし、歳出削減ばかりでは、財政はただ縮んでいくだけになってしまいかねません。歳入の拡大を図る必要があります。中央政府も地方自治体も一緒になって、地方自治体の財源確保に努めることが、今、求められる最重要課題だと考えます。そして、そのために基本的に重要なのは企業の活性化です。しかし、現在の北海道企業の業績は、どの分野を見渡しても一部の企業を除いてよくないばかりか、今後もよくなる気配がありません。したがって、北海道経済の見通しは今後もよくならないのです。

筆者は、ここで現行の施策の批判を展開するつもりはありません。このような提言や施策を超えたところに根本的な問題が潜んでいると考えるからです。北海道を形作っているファンダメンタルズとかインフラとかいわれるところのものです。つまり、そうしたところに問題があるのであれば、上記の施策をいくら講じてもよくなる道理がないのです。

北海道のファンダメンタルズといえば、まずもって、開拓期を終えた後の広大にして美しい自然、農水産品をはじめ豊富な道産品、半年にわたる冬期間等が上げられ、さらに鉄道・港湾・航空網があり、近年、北海道新幹線、高速道路の建設、新しい航空路線の開設、ラピダスなど半導体関連の有力産業の進出、知床など観光資源開発などが加わっています。

ここで筆者の議論したいファンダメンタルズは、「北海道の流通システム」のことです。北海道では、この部分が決定的に重要であるのに、これまでファンダメンタルズとしてほとんど問題にされてこなかったか、無視されてきた感があるのです（ひどい場合には、流通システム上に登場する企業（例えば、卸売企業）は自然淘汰されてもやむおえないという声もあるぐらいです）。

筆者が、北海道の流通システムに関連して提言したいのは、以下の四点です。

（ⅰ）流通システムの変革が欠かせない。現行のモノの流通過程へ参入して競争することをやめ、新しい流通過程の構築が必要である。そのため、卸部門の強化を図る必要がある。

（ⅱ）道産品の輸出に力を入れ、その主力市場（中国、韓国、台湾など東アジアやインド）へ大量に出荷するための方策が提示されねばならない。現在、このような機能を果たせる企業はなく（皆無とは言わないが）、新規に組織を形成して、それを実行に移していく必要がある。

（ⅲ）そのため、商社機能を持った企業組織が必要である。ただし、この組織には収益性のみならず公益性が求められる。つまり、利益を徹底的に追求するが、必要経費を除いた企業利益は公共部門に寄付される。〈この組織の株主は、国や地方公共団体か寄付行為の一環と考えている人々（団体も含む）より構成されている〉。言い換えると、この場合の組織は単に営利を求める株主に配当を目指す株式会社でなく、最近の言葉で言うと「非営利株式会社」といった性格を持つものである。この新しい機能を果たす組織を「北海道輸出専門株式会社」（以下、北海道株式会社）と称す。

（ⅳ）北海道株式会社は、当然利益拡大化を目指す。ひいてはそれが北海道経済活性化につながるからである。したがって、この会社としては、輸出を増大するに当たって、できるかぎり全道から道産品を集め（束ねて）大量にし、遠くの市場まで運んでいかねばならない。そこで、空や陸の機関の制約に比して、上記の要件を満たす海上における船舶活用の優位性に注目したい。

農水産物の多い道産品を海外へ大量に運んでいくに際して、大型クールコンテナ（リーファーコンテナ）船は好適である。近年、船は高速のものもでてきており、全道にある港湾を隈なく周航して集荷する。その場合、現在では、苫小牧や石狩湾新港など少数の港しか対応可能でない大型船の出入りのため全道的に港湾の整備は必須となる。

北海道の企業者はやる気がない、商売をやっていない、とは関西の企業者に対して行った調査結果です。本当にそうなのでしょうか。私としては十分気構えを持ってやってきたし、これからもやろうとしていると思っています。今までは、流通ルートや北海道の構造的仕組みが壁となって常に跳ね返されてきたと考えるのです。新しい仕組みを作って、それで北海道企業にもう一度再挑戦させてみたいというのが、筆者の基本的なスタンスです。

6-5 「北海道株式会社」の設立

モノ作り企業は「モノ作り」に専念し、「運び手」が、道外・海外市場開拓や拡大に精を出す仕組みがあってこそ経済活性化につながるというものです（モノの作り手が販売まで行うとなると「モノ作り自体」も中途半端になるからです。最近流行のインターネット販売にも限界のあることが分かってきました)。

そうなると、現存の「運び手」地場企業に急にその機能を果たせと言っても無理がありましょう。新しく作る以外ありません。

これから述べる幾多の機能(活動)を持つ組織、例えば「(仮称)北海道株式会社」を作らねばならないのです。では、「北海道株式会社」が持つ機能とはどのようなものでしょうか。

まず、「マーケティング」を実行しなければなりません。経営(ビジネス)におけるマーケティングとは、「組織(一般的には企業)が、持てる活動を目的に向かって結集する」ということです。目的は、「買ってくれる人や集団」(これを市場という)を探し、そして実際に買ってもらうことです。企業にとっては、市場開拓、市場拡大なくして企業利益もなく、したがって企業存続もあり得ないからです。

一般には、会社には、マーケティング部門が置かれており、会社における一部門を構成しているにすぎないという印象があります。したがって、マーケティングというと、売り方(販売方法)のことだと思われているかも知れません。しかしそうではなくて、購買、製造、研究開発、経理、販売等の全部門が全社的に統合化され、一丸となってその目的に向かわねばならないと考えているのがマーケティングです。つまり、マーケティングとは、企業経営(ビジネス)そのものであると言っても過言ではありません。

また、一般に、モノが消費者の手にわたるまでに流通過程があります。川が川上から川下へと流

れていくように、モノが作られ、運ばれ、最終的に消費者に届けられますが、流通過程とは、

【製造（川上）】卸売・運送（川中）↓小売・販売（川下）↓【消費者】

という流れのことです。

しかし、今日のビジネスでは、この順序を逆転させねばならないとしています。

【消費者】↓小売・販売（川下）↓卸売・運送（川中）↓【製造（川上）】

の流れです。言い換えると、買ってくれる人がいてこそ、モノ作りがあるのだという考え方からきています。ビジネス同士が、しのぎを削る競争激化の世界では当たり前のことなのです。

こうして、現代のビジネスにとって最も大事なのは、消費者の欲求や行動とその変化を知ることとなります。それを、マーケティングでは「市場創造と拡大」と呼んでいます。

ここでいう「市場《しじょう》」とは、経済学などで用いられる「取引の場」という意味ではなく、「消費者（購買者）である人々の集まり（人頭数）」のことです。また、「市場創造」には、二つの意味が込められています。一つは、既存の自社製品を受け入れてくれる市場（消費者や購買者集団のこと）を探索することであり、また、もう一つは、ある市場があって、そこが求めている製品を自社が新規に

制作し、それを実際に届けられるようにする、すなわち、有望な市場として開拓（創造）して行くの意です。そのため、これまでの道内企業のあり方の反省が必要となります。

経営方式は「ファブレス経営」

まず、北海道株式会社が取り組まねばならないのは、「市場開拓」と「物流」の問題解決です（これを具体的に進めることをマーケティング戦略といいます）。そのため、これまでの企業経営方式の反省が必要となります。つまり、通常の経営方式は、モノを作るに際して、企画設計、製造、流通、販売の一貫体制ですが、北海道株式会社は、これを想定していないのです。いわゆる「ファブレス経営」というものを実行するということです（注6—3）。

すなわち、市場調査・企画・設計と販売を主とし、製造は他の道内企業に依頼する（アウトソーシング）方式です。

こうした経営方式の代表には、米国のデル・コンピュータ、日本のミスミ社、イタリアのベネトン社などがあります。

デル・コンピューター（パソコン通信販売）の場合、顧客の注文に応じて各種部品を調達して組み立てるものです。《開発—設計—製造—販売—サービス》という一連のプロセスにおいて、デルの担当するのは「設計」と「販売」です。ミスミ社（精密機械部品販売）は、自らを「購買代理商社」と称し、流通プロセスにおける卸売業者としての位置づけを行うとともに、「持たざる経営」を強調しています。いわゆる企画部門のみが本体であり、製造をはじめ総務、研究開発、経理、人事、販売といった会社組織における通常の部門をアウトソーシングするという「戦略的マーケティング組織」というものを実践しています。

一方、ベネトン社（アパレル製造販売）の場合は、ファブレス経営方式に加えて、これまで一般的であった先染め方式でなく後染め方式という製造工程上の変更（プロセスの変更）を行うことによって、現代の消費者の商品を出来る限り早く手に入れたいという欲求に応えるべく、注文から納品までの期間短縮を成し遂げることにより、同業他社との差別的優位性を発揮しています。こうした製造工程を変更することによって、差別的優位性を達成することを「リエンジニアリング」（顧客徹底対応）方式と呼んでいます。

しかし、「ファブレス経営」という経営方法は、北イタリア地方の「産地」における「インパナトーレ」と呼ばれるコーディネート企業が参考となります。インパナトーレは、製造を行わない点に特徴がありますが、そうかといって単なる調査会社でも販売会社でもありません。その両方を合わせ持った企業です。イタリアでは、業界ごとに数多くのインパナトーレが存在しています。インパナトーレ同士が競争するシステムとなっているのです。インパナトーレ自身が職人企業を専門職ごとに束ね、その有する情報網を駆使し、世界的視野で取引相手（市場）を探し、それに見合った商品を企画設計し、適切な職人に製造依頼し、それをすみやかに顧客に提供するという意欲的な企画力と販売力をもった企業（株式会社）なのです。

また、古いものを、全く新しいものに蘇らせているところにイタリア・ブランド製品の神髄があるとされています。つまり、インパナトーレが行うことは、イタリア国内のみならず、世界中からの注文をとって、それに最も適した一二世紀以来の伝統的技術を受け継ぐ職人企業（ほとんど家内工業）に製造を依頼し、出来上がったものを回収し顧客に届ける方式です。インパナトーレ一社で、職人企業を数十社、数百社と契約しており、各々の職人的・技術的特徴を熟知しているといわれます。

こうして、イタリア・ブランド製品が全世界を駆けめぐっているのです。イタリアは、世界第七位の工業国ですが、その中心は中小企業であり、また、中小企業が輸出の中心的役割を果たして貢献しているからこそと言われております。

一方で、イタリアでは、卸売業が統計上ほとんど現れてきませんが（製造業に入っている）、インパナトーレがその役割を果たしているからです。

ここで注意されねばならないのは、ミスミ社やベネトン社は、もともとは精密機械分野や縫製業分野での経験豊富な製造企業であったということです。そのノウハウを存分に生かして代理業者となっているということです。

北海道株式会社がやることは、インパナトーレ的なものであり、道産品（既存製品、新製品とも）を束ね、世界に向けて発信し販売していくことになります。したがって、北海道株式会社は、企画設計・製造、そして出荷から納品までの一貫体制を整え、それを（インフラとして整備された）ITを駆使したインターネットを使って管理・監視していく組織となっていなければなりません。

一体化の考え方は、すべての産業の一体化も指しています。個々の産業について発展を考えるのではなく、自社製品の製造（出荷）、流通、販売（納品）という一連のプロセスにかかわる産業を協力的に一体化させるということです。結果的に個々の産業が発展して行くわけです。

「ファブレス経営」方式の実例—札幌における産学官連携による地域ブランド製品開発—

イタリアの産地を例にして、地域全体で盛り上がりを図った例があります。それも、産学官連携で動いた点に特徴があるものです。

札幌市経済局が発声して「札幌市の福祉産業の振興」を探る会議の中で、札幌発の製品作りが行われました。産学官の協力体制も組まれ、筆者も参画しました。作ったものは、札幌発の保護帽「アボネット」です。

始まりは、札幌市経済局が音頭を取った「札幌市の福祉産業の振興」を探る会議です。メンバーは、産（福祉用具協会、特殊衣料品メーカー）、官（札幌市・経済局産業開発課）、学（札幌市立高等専門学校・デザイン、マーケティングや調査の専門家）です。

会議を重ねるうち福祉用具のうち「保護帽」の制作が遡上に上りました。近年の札幌では冬道が凍って滑りやすくなり、高齢者がころんで頭を打つケースが増えていたからです。しかし、従来の保護帽は重たくて首に負担が掛かり、また、工事のためのヘルメットを被っているようで高齢者には体裁のよいものではありませんでした。そこで、札幌発の保護帽をいうことになった次第です。市場調査を実施したり、耐衝撃性、耐久性、軽量性といった機能面の実験をしたり、ファッション性、ユニバーサル性の付与など綿密な議論が重ねられました。中心として制作に当たったのは、特殊衣料品メーカーのT社でした。この会社は、基本的には特殊衣料品メーカーでありましたが、従来は、ほとんどが本州方面から仕入れ中心のビジネスを行ってきていました。したがって、帽子というような本格的な製品作りは今回がはじめてということでした。実際に制作に当たった（参加）企業は、特殊衣料品メーカー（一社）、繊維卸（二社）、型抜（一社）、型枠（一社）、パッケージ制作（一社）であり、すべて地場企業としました。結果的に、研究プロジェクトが平成一二年に発足してから、平成一四年に「保護帽アボネット」が完成し、モニター調査、テスト・マーケットを経て、販売を開始しました。同時に、展示会出展などさまざまな販売促進戦略を試みています。雪まつりに来道した当時の小泉首相にも被ってもらい宣伝に一役かってもらっています。これまで、札幌市内の問屋や百貨店を通じて販売していますが、平成一六年に大手電力会社の検診員の帽子に採用され、一〇〇〇個強納めたとあります。検針員の現場からは、「今までの帽子と違いおしゃれでいて高機能なところが喜ばれている」という声もでて、再注文されたばかりか、本州の電力会社からの注文も受けるようになりました。一方、特殊衣料品メーカーでは、大口を確保したことで更なる技術とデザインの向上を目指すとともに、大量生産のときの型枠は、市内の複数の業者に外注していています。これにより自分たちの仕事に集中する時間と、精度をあげることができるようになったといいます。こうして、道外への販売も視野に入っています。

当然のことではありますが、一製造業者のみではなし得なかった製品作りでした。アボネットは、産学官連携による札幌発という地域発の「製品の船出」と言えます。言うまでもなく、当初集められたメンバーの報酬はゼロです。帽子の制作に携わったこともないばかりか、保護帽など見たこともないという企業もありましたが、それぞれの企業が連携の経験を積むことにより相乗効果を発揮することができます。ひいては、札幌市経済全体の底上げにつながると考えています。イタリアの産地を彷彿とさせるものがあります。

こうして、「保護帽アボネット」は、「産学官連携による地域活性化商品生産」（ＩＴやバイオではないが）の一つの成功例になったと思っています。現在もこのプロジェクトは継続され、「歩行器」や「冬靴」など新たな商品開発に取り組んでいます。

「産地」方式は、「集積性」と「近接性」の有利性を発揮しています。インターネットで、全世界から部品調達していて何か問題が発生した場合、その解決には時間が掛かると考えられますが、「産地方式」であれば、問題解決の摺り合わせが容易で早いという効果を狙うものです。一社でこのような経営を実践しているのがトヨタ自動車です。海外に生産工場を立地する場合、部品工場も一緒に連れて行くというやり方がそれです。

また、今までは、どちらかというとある産業への政策的配慮が各産業へどう波及するかといった産業連関分析による発展を目指す方向性や個々の産業の発展を指向する産業組織論的検討が主流でした。その意味で産業の横並び的な検討が主流でしたが、これからは調達から販売までに位置する産業を縦に並べた形での一体的産業間のシナジー（相乗）効果を発揮できるような仕組みが必要とされてきます。

産学官や各産業が、それぞれ「北海道株式会社」という会社の中でどういう役割を果たさなければならないかは、後の問題として、まず、マーケティングの観点から、道産品をどのようにしてオファーしていくかについて順を追って説明します。

6-6 これまでの地方自治体の実践から学ぶ必要がある

まず、地方自治体が率先して経済活性化を図る考え方を「歴史」に学ぶことは重要です。

（1）江戸時代の米沢藩や越前大野藩の改革に見る

江戸時代には藩格というものがあり、石高によって序列が決まっていました（注6―4）。

たとえば、一六三藩中（江戸藩を除く）、一位は加賀の金沢藩で一二〇万石でしたが、これから取り上げる羽前米沢藩は一五万石で二五位、越前大野藩は九八位の四万石という具合でした（最下位は二万石）。

これらは、藩政改革で有名になったところです。

まず、二五位の米沢藩について見てみます。

藩政改革に学ぶものとして取り上げられることの多いのは、出羽の国・米沢藩の改革であり、それを断行した藩主の上杉鷹山（治憲）です。

米沢藩の藩財政の建て直しの基本は、倹約と産業開発でした。

上杉家は一八世紀中旬には借財が二〇万両に累積する一方、石高が一五万石（実高は約三〇万石）でありながら、かつての会津一二〇万石時代の家臣団六〇〇〇人を召し放つことはなく、このため他藩とは比較にならない程人口に占める家臣の割合が高かったのです。名家への誇りを重んずるゆえ豪奢な生活を改められなかった前藩主重定は、藩土返上のうえ領民救済は公儀に委ねようと本気で考えたほどでした。

新藩主に就任した治憲は、民政家で産業に明るい竹俣当綱や財政に明るい莅戸善政を重用し、先代任命の家老らと対立しながらも、自ら倹約を行って土を耕し、帰農を奨励し、作物を育てるなどの民政事業を行いました。天明年間には凶作や浅間山噴火などから発展した天明の大飢饉の最中で、東北地方を中心に餓死者が多発していましたが、治憲は非常食の普及や藩士・農民へ倹約の奨励など対策に努めました。また、祖父・綱憲（四代藩主）が創設した学問所を、藩校・興譲館（現山形県立米沢興譲館高等学校）として細井平州によって再興させ、藩士・農民など、身分を問わず学問を学ばせました。これらの施策で破綻寸前の藩財政が建て直り、次々代の斉定時代に借債を完済しました。

ところで、札幌農学校卒で米国に渡った内村鑑三（万延二年（一八六一）〜昭和五年（一九三〇））の著書に『代表的日本人』があります。内村は、「代表的日本人」として西郷隆盛・上杉鷹山・二宮尊徳・中江藤樹・日蓮の五人をあげ、その生涯を叙述しています。

日清戦争の始まった明治二七（一八九四）に書かれた本書は岡倉天心『茶の本』、新渡戸稲造『武士道』と共に、日本人が英語で日本の文化・思想を西欧社会に紹介した代表的な著作です。

内村は、「上杉鷹山は、封建領主であるが、いかなる法律や制度も「愛の律法」には及ばない。治める者と治められる者との関係が人格的な性格をおびるような徳の政治を行なった」と書いています。

アメリカ合衆国第三五代大統領ジョン・F・ケネディや第四二代ビル・クリントンが、日本人の政治家の中で一番尊敬している人物として上杉鷹山を挙げていますが、これは、英文で発表された内村鑑三の『代表的日本人』の影響によるものと考えられています。

ケネディが鷹山について発言した際には、日本人から「ｙｏｚａｎとは誰か」と質問が出たほどで、現在の鷹山の知名度の高さには、ケネディのエピソードが背景にあるのかもしれません。

（筆者注：米国では私学としてかなり名の通ったアマースト大学の図書館の入り口に大きな内村鑑三の肖像画が掛かっていたのを誇らしく思い出します。受付の人の話では、「先生は、卒業生として大変大きな功績がありました」とのことでした）。

次に、北海道にとって模範とするべきは、九八位という弱小藩であった越前の国・大野藩（藩主・土井利忠）の改革の在り方です。

米沢藩の藩財政の建て直しの基本は、「倹約」でしたが、大野藩も倹約を第一としてきましたが、最早それのみでは財政立て直しはできないと、商店「大野屋」の開設と外地と交易を行うため「大野丸」（北前船）を持ったことでした。

もう少し具体的に検討してみます。

大野藩は、年間歳入の八〇年分の借金を抱えた自治体であって、歳入増大を主眼とする抜本的経済改革を行って、借金を二〇年で返済する予定が、その三年前に達成できたところです。

江戸時代日本の一地域であった藩が自前の船を使って外地との交易を行うという当時としては全く斬新な発想によって財政再建を図ったのです（大島昌宏『そろばん武士道』、学陽書房、平成一二年）。

江戸時代に、越前国大野（現福井県大野市）を居城とした大野藩は、幕末の頃、深刻な財政難に直面しましたが、第七代藩主土井利忠（文化八年（一八一一）～明治元年（一八六八））（石高四万石）が、莫大な負債約八〇万両（これは石高の約二〇年分、実質年間歳入の八〇年分に相当したといいます）を返済するため、抜本的な藩政改革に乗り出します。天保一三年（一八四二）のことでした。まず行ったことは、役職の人心一新と人材育成です。次いで、藩内にある米以外の産業を奨励し、品質を高めるようにして、土地の産物を大阪その他の都会へ売り出す商店「大野屋」を開きました。第一号店は大阪で、安政二年（一八五五）でした（その後全国展開しております）。改革断行から大野屋を開設するまで一三年掛かっています。また、蝦夷地の調査を行い、物価が内地（このころの北海道は外地であった）よりも三、四割高いこと、ニシンや数の子など珍しい産物があることなどから、安政五年（一八五八）、箱館に大野屋を開設し、蝦夷地との交易のための洋式帆船「大野丸」を建造し（建造費の最初のいい値は、一万五〇〇〇両とのことで、これは石高の三七・五％に相当したといいます。）翌安政六年（一八五九）末には、藩の債務八〇万両のすべてが返済されました。予定した二〇年よりも三年も短かったとあります。また、「米百俵」の話もありますが、大野藩では、洋学（蘭学）の振興を図るべく、「明倫館」などの学館を開設しています。

もとより、現代の自治体が江戸時代の大野藩と同じことをせよと言っても無理な話です。ただ、大野藩の改革から学ぶものは、藩主が、もはや歳出削減だけでは藩は立ちゆかないと認識したことであり、逆に、歳入（財源）拡大の道を開拓したことです。そのため採った、藩営の「店舗展開戦略」と自前の船（いわゆる北前船）による「外地との交易」との二つが重要な点だと考えております。

またここでの教訓は、モノ作り企業は「モノ作り」に専念し、「運び手」が、道外・海外市場開拓や拡大に精を出す仕組みがあってこそ経済活性化につながるということでしょう（モノの作り手が販売まで行うとなると「モノ作り自体」も中途半端になるからです。最近流行のインターネット販売にも限界のあることが分かってきました）。

しかしながら、現存の「運び手」（たとえば卸売業者）の地場企業に、急にその機能を果たせと言っても無理がありましょう。新しい運び手企業を作る以外ありません。

（2）自治体が経営する株式会社―岩手県産株式会社

地域経済が思うように盛り上がってこない状況に業を煮やした自治体が自ら先頭に立って経営する株式会社が出現しています。これまで文科省の管轄下に置かれていた義務教育レベルに、株式会社立中学校が登場しています。これらは「非営利株式会社」（公益性優先株式会社）の例とされていますが、その特徴を見ておきます。

日本では、自治体が地域経済活性化のためにやることといえば、第三セクター方式か社団法人を作って地域の特産品の展示会を行うことぐらいでした。北海道では、第三セクター方式は、ほとんどが不成功に終わっています。武士の商法と揶揄されてもいました。

ところへ「株式会社」を立ち上げたのが、岩手県です。今から六〇年以上も前の昭和三九年に立ち上がった「岩手県産株式会社」は、それまでの社団法人と違って、収益性第一を謳って経営し成功している会社です（注6―5）。

この会社の基本的な業務内容は、

一．岩手県内で生産される商品の卸売及び小売。

二．岩手県内で生産される商品の開発及び改良。

三．県内外及び海外での物産展、県内外での見本市及び商談会などの企画及び実施。

となっています。

まとめると、この会社の株主は岩手県を初め、県内市町村、地方銀行、業界団体、地元の生産者等からなっており、いわゆる「第三セクター方式」の会社としています。そして、この会社の行う事業の特色は、「岩手県内で生産される産品の卸・小売と宣伝・販路拡大を目的とした物産展や見本市等の販売業務を行う他、県内生産者への情報提供や販売促進のための商品開発・改良事業等を行っております」とホームページで謳われているように、「県産品の販売」を自らが積極的に行うという点にあります。また、そうしたときに赤字が出たからといって議会で追及されない仕組みにもなっているようにも考えられます。

仕入れ先は、岩手県内生産者および組合団体等約四〇〇社であり、販売先も、全国有数の百貨店をはじめ問屋、小売店、レストラン（飲食店）等約五〇〇社となっています。

事業所として、岩手県（本社）の他、東京支店、大阪、名古屋、福岡に営業所を有しています。

令和二年度の売上高は、損益計算書によると四九億三〇〇〇万円となっています。

無の状態から五〇億円の年商を上げるまでに拡大している。個々の企業に任せていたら、これほどまでの売上は達成できなかったのではないかと思わせるものがあります。

北海道でも、かつて岩手県産株式会社に倣って、現「社団法人・北海道貿易物産振興会」を「株式会社」化しようと委員会を作って検討したことがありましたが、赤字が出たら議会対策が大変だとの道庁幹部の意向が働いて見送られた経緯があります。

6-7 「北海道株式会社」ではマーケティングを実行

(1) 組織とはどのようなものか

何事も、「オール北海道」でやった方が良い、という話はよく出てきます。これは、北海道をどういう仕組みで活性化を目指すかでしょう。つまり、人々をどう組織化するかが問題となります。

「組織」は、いつごろからこの世に存在しているかについて、経営組織論者のリチャード・L・ダフトは、以下のように述べています（注6―6）。

「今日では信じがたいかもしれないが、我々が知っているような「組織」が存在するようになったのは人類の歴史上それほど古いわけではない。一九世紀後半においてさえ、規模や重要性を備えた組織はほとんどなかった。労働組合もなく、貿易協会もなく、大企業や非営利組織、あるいは政府官庁さえほとんどなかった。それ以来、何という大きな変化が起きたのだろう。産業革命と大規模組織の発展が社会全体をすっかり変えてしまったのだ。次第に、組織は人々の生活の中心となり、いまや我々の社会に途方もない影響力を行使している。さまざまな組織が我々の周囲を取り巻き、さまざまな方法で我々の生活を形づくっている」と。

一九世紀中半あたりまでの長い間、商行為（ビジネス）は「商人」が行っていました。ときに一時的な結社を作って交易していました。生産手段が大規模になってくるにつれ、一人ひとりの人間では仕事ができなくなってきて、そこから組織が生まれました。

その典型が、一九世紀後半の米国でした。大量の物資が必要となって大規模工場が出現し、多くの人を雇わねばならなくなって組織化が行われ、その組織内に「管理」の問題が登場します。研究面でもこの辺で盛んになり、明治四四年（一九一一）にテイラーの「科学的管理の原則」が出ています。これが「(近代）経営学」の嚆矢と言われ、「管理」を中心テーマに据える学問として展開されています。

商人を前提とする「商学」から枝分かれして、組織を前提とした「経営学」が新しく生み出された時期であるということもできます。

しかしこのころは、小さな市場を前提としていたため、組織は、クローズド・システムとして機能していれば十分であり、その意味で「公式的組織」でよかったのです。

これに対し、現代の組織はオープン・システムとして機能すべしと、ダフトは言います。

また、組織を設計するに際して、外部にさまざまに存する環境との適合を目指す必要がある（コンティンジェンシー理論）と同時に、ときに働き掛ける必要もあります（ネオ・コンティンジェンシー理論）。

組織には目標（ミッション）があり、組織が実際に追求するオペレーション上の目標（測定可能な成果を述べるもの）もあります。「ミッション」は、組織の存在理由であり、組織のビジョンや共有の価値観、信念や存在理由を描くものです。

では、組織はどのような貢献をしているのか。また、なぜ組織は重要なのか、について考えてみます。

ダフトは、組織が人々や社会にとって重要だという理由、すなわち、「組織のメリット」を七つ挙げています。

（1）資源を結集して望みの目標と成果を達成する
（2）商品とサービスを能率的に生産する
（3）イノベーションを促す
（4）近代的な製造技術とコンピュータ・ベースの技術を活用する
（5）変化する環境に適応し、環境に影響を与える
（6）オーナー、顧客、従業員のために価値を生み出す
（7）多様性、倫理、従業員の意欲と統制にかかわる挑戦課題に取り組む

こうした組織のメリットは、何かことを起こす際には最も効果的な方式と言えます。

では、北海道地域経済活性化のためにこうした組織を形成するとして、その構成メンバーは誰なのでしょうか。

ことが地域経済活性化という大きな目的を持った仕事である性質上、個人では成し遂げることは出来ません。また、自治体のみでもこれまでなしえなかったことが実際上証明されています。「地域経営」の考え方で、それぞれの立場の個人や組織や団体が経営的センスを持って協働の精神でことに当たると言っても、それを何らかの形での管理運営する方式が必要となります。そうして作られた「協議会」は調整機能中心のものになりがちです。

これまでの個人や組織や団体ではうまくいっていないということで、現在では、産学連携、産学官連携が謳われています。「産業クラスター構想」などでは、盛んに連携の重要性が唱道されています。現実に成果もでてきています。その意味では、産学営が構成メンバーに入り、協力体制を築くことに異議はありません。

問題は、「組織形態」をどう設計するかです。それも、公的組織なのか、私的組織なのか、つまり、その組織は公益性を求めるのか、収益性を求めるのか、別様に言えば、非営利組織とするのか、営利組織とするのか、また、それらとは違ったものなのか、という問題です。

（2）組織をどう設計するか

ここで、これまでの事業形態およびその形態の考え方について見てみます。

公共事業方式

まず、公共事業です。しかし今日、後に見るごとく市場開拓や市場拡大などマーケティング的要素をきわめて強く作用させねばならない状況であるときには、最早なじむ事業方式ではないのです。

民活導入方式

民活注入として検討されてきたのは、社会基盤整備への「民活導入方式」でした。いくつかの考え方があります。

（a）民間事業：プロジェクトの発掘から施設の保有まですべて民間で行う（一般自動車道等）。

（b）第三セクター方式：行政と民間が共同出資して事業主体を設立する。

（c）エイジェンシー方式（独立行政法人）：行財政改革の一環として考えられている。郵貯を入口としてきた国の財政投融資計画と、出口（運用）の特殊法人による官業経営の仕組みをどう位置づけるかの問題から出てきた。業務の一部を委託・委譲する方式（郵政三事業（郵便、郵貯、簡保）、国立大学等について議論された）、エイジェンシー（省庁の仕事減らしのために導入された英国の保守党政権時代の行革手法。日本では、「独立行政法人」と命名す）。

私企業活用方式

政府が法律に基づいて設立する会社です。ときに、政府保有株式を売却して完全民営化もあり得ます。

（3）現代における組織の考え方と新しい組織の出現

現代には、さまざまな組織が存在しています。現代の組織形成の考え方からすると、完全営利追求株式会社から草の根ボランティアまでの無限の形態が考えられます。

「経営組織論」を研究する、沼上 幹教授は、次のように述べています（注6—7）。

企業は、多くの人々が人生を過ごすコミュニティとしての側面ばかりではなく、利益を稼ぎ出すために作られた経済組織という側面も持っている。いやむしろ、そもそもは世の中に対して何らかの貢献を行ない、その対価としてお金を受け取って、利益を稼ぎ出すことが、企業の主たる側面である。だから、利益が出ていることが企業存続の絶対条件なのである。カネを稼ぐことが一〇〇パーセントになってしまった企業には一生を捧げるだけの魅力がないという気持ちは分かるけれども、逆に、カネを稼ぐことを一〇〇パーセント忘れてしまった企業は存続する価値がないこともまた真実なのである。

つい最近までは、会社と言えば、営利を目指す法人として株式会社、有限会社、合資会社、合名会社ぐらいでした。また、非営利の法人（公益法人）としては、社団法人や財団法人でした。しかし現在では、新しい組織が続々でてきています。例えば、「非営利株式会社」とか「特別目的会社」といった法人の出現です。

今日では、時代の変化とともにビジネス環境も複雑かつ多様化しています。組織も当然のことながら、そうした状況に即応しなければならなくなっています。その一つの対応手段として動きの良い組織変革を行うことになったり、また、新しい組織形態が生み出されているということなのです。とにかく、その組織や社会が目的とするところに合致させるべく法人が続々登場してきています。その中には、営利と非営利を組み合わせたような「非営利株式会社」(商法に基づく株式会社の一つである)、ある社会的に必要な目的のためだけに認められる法人である「特別目的会社」(「資産の流動化に関する法律」で作られる社団法人、つまり非営利の公益法人である)、非営利であるが一定の枠内で営利を認めるNPO法人(NPO法に基づく)などがあります(注6―8)。

組織形態にはどのようなものがあるか(組織の種類)

法的には、「法人」という形で区分しています。法人とは、自然人以外のもので、法律上の権利義務の主体とされるもの。一定の目的のために結合した人の集団や財産について権利能力(法人格)が認められます。

法人は、いくつかの種類に分けて考えられます。①公法人と私法人、②社団法人と財団法人、③営利法人と公益法人・中間法人です。

公法人ないし公益法人としての自治体が行う事業には、現行においても非営利、営利の両方があります。それぞれに監督官庁の法的縛りの中で事業を行っています。

例：北海道企業局：発電事業（鷹泊発電、夕張川発電、天塩川発電）、
工業用水道事業（室蘭地区工業用水道、苫小牧地区工業用水道、石狩湾新港地域工業用水道）

公社：北海道住宅供給公社

第三セクター：苫小牧東部開発株式会社（現・株式会社苫東）、
北海道ちほく高原鉄道の「ふるさと銀河線」、
社団法人・北海道総合在宅ケア事業団

社団法人：北海道貿易物産振興会（現在脱退）

委託事業：北海道介護実習・普及センター、適応指導総合調査研究事業（ＮＰＯ法人）

非営利株式会社の出現

（ａ）「株式会社・よさねっと」

「非営利株式会社」とは、毎期の利益全額と残余財産を第三者に寄付する経営方針を持った会社です。まさに、ノン・プロフィット・カンパニーなのです。日本では、札幌市のＮＰＯ法人・ＹＯ

SAKOIソーラン祭り組織委員会が設立した、祭の衣装などを販売する「株式会社・よさねっと」がその先行事例とされています。

そして、その特徴に、「NPOで名を売り、ネットワークをつくったところで採算部門を会社として独立させ、利益をNPO法人に寄付することになっています。資金的な心配がなくなり、NPO法人の使命も果たせる」ということです。

会社の事業内容は、「YOSAKOIソーラン祭り及び全国のYOSAKOI祭りのネットワーク化、北海道の生産者を中心とした生産物などの通信販売、北海道を中心としたNPO・NGOなどの活動サポート」となっています。(現在は解散)

(b) 学校法人「朝日学園」

これまで文科省の管轄下に置かれていた義務教育レベルに、「株式会社立中学校」が登場しました。これも非営利株式会社の例です。

学校法人とは、私立学校の設立を目的とした学校教育法に基づく公益法人で、学校運営の主体です。個人や株式会社、有限会社のように営利を目的とする法人ではなく、非営利組織として学校の運営に当たることになっています。

岡山県の学校法人「朝日学園」が、平成一六年四月に開校した「株式会社朝日学園・朝日塾中学校」も、非営利の株式会社形態で設立されています。その定款で、利益を公益部門に寄付することが謳われています。

（ｃ）「非営利株式会社ビッグ・エス インターナショナル」

一般家電販売等を行い香川県に本拠を置く「株式会社ビッグ・エス」は、社会貢献の一環として「非営利株式会社ビッグ・エス　インターナショナル」を立ち上げています。この会社は会社法に定める株式会社ではありますが、利益追求を第一義とせず、寄付やボランティア活動を通じ、社会貢献・国際交流・文化活動を行う組織であり、特定非営利型活動法人（ＮＰＯ）ではなく、ＮＰＣ(Non Profit Company）であることを強調しています。そして、その定款で「代表取締役は、配当可能な剰余金の全額を社会貢献積立金として内部留保し、適宜な時期にその積立金を社会貢献活動に携わる人や団体に対して寄付するものとする。」と謳っています。

（ビッグエスインターナショナル：https://www.bigs-i.com/profile.html）

6-8 「北海道株式会社」は、「特別目的株式会社」

組織形態は「特別目的株式会社」となります。この点についてもう少し説明を加えます。

前項でも見ましたが、株式会社には、「営利」と「非営利」があります。ところで、「非営利組織」

と言われるものにもいろいろあります。

一般に、非営利組織（Non Profit Organization：ＮＰＯ）と言えば、チャリティ活動を行う市民のボランティア・グループを思い浮かべます。そこでは、無償性、利他性、アマチュアリズム、独立性ということが重んじられています。

これらの活動を行う団体（組織）は、現在では、伝統的な「慈善型ＮＰＯ」と呼ばれています。このＮＰＯは、活動資金の多くを寄付や助成金で賄い、ボランティアの労働力に頼って、社会的なサービスを無料・無償で提供していくものです。

ただ、非営利組織といっても、（後述されるように）「公益性の有無」や「利益処分方式」によって、「社会貢献を定款に謳う営利企業」から「草の根ボランティア活動組織」や「会費によってまかなわれる同窓会」まで、さまざまなものが考えられるのです。

たとえば、「社会的企業」（Social Enterprise）と称するものがありますが、あくまでも営利事業を行うが、利益をミッションである社会還元ないし環境保護に活用するという点で中間企業の意味をもっています。

日本では、株式会社のうち、この社会還元を明確に定款に盛り込んだ「非営利株式会社」があるわけです。

一方、収入不足を補うため、考え方として、会社を作って得た利益をＮＰＯ法人に寄付する方式も検討されています（これは「社会的企業」の一形態となる）。

こうして、その組織や社会が目的とするところに合致させるべく法人が続々登場してきています。その中に前述の営利と非営利を組み合わせたような「**非営利株式会社**」（商法に基づく株式会社の一つ）、ある社会的に必要な目的のためだけに認められる法人である「**特別（特定）目的会社**」（「資産の流動化に関する法律（ＳＰＣ法）」に基づく法人）、非営利であるが一定の枠内で営利を認める「**ＮＰＯ法人**」（ＮＰＯ法に基づく法人）などが生まれています（注6―8）（注6―9）。

たとえば、特定目的会社の例としては、「千歳プロパティ特定目的会社」があります。北海道千歳市の千歳アルカディア地域（準工業地域）に平成一七年四月二九日に開業した「千歳プロパティ特定目的会社」（米国不動産投資運用会社・ラサール・インベストメント・マネジメント株式会社の組成の運営）です。

（筆者注：会社担当者の話として、いつ会社を引き上げても良いことになっている、とありました。最近のニュース（令和六年）では、撤退することを表明しています）

新しい資本主義と公益重視の会社の設立

こうした中、冒頭にも示した新しいニュースが飛び込んできました。

『日本経済新聞』（電子版）（令和四年五月一七日）に、「新しい資本主義」の実現に向けた計画の柱に「新たな会社形態の設立」に向けた検討に入ったことが報じられました。

新聞では、関連記事として、「公益重視の新たな会社形態　政府検討　短期利益偏り修正」として、米国の「パブリック・ベネフィット・コーポレーション」（PBC）のことを解説しています。

米国では、会社法が州法となっていますが、PBCに関する法律が整備されています。定款にPBCであることが明記されていて、「公共の利益の遂行を考慮すべきだ」と記す州法もあります。

「株式会社は、一般的に、株主価値の最大化を目的とする。社会的意義があっても不採算事業であれば、株主から追求されることがあります。NGOや社団法人などは行政とのつながりがある分、意思決定は遅くなりがちで技術革新も生まれにくいと指摘されます。

政府は、こうした法人形態の空白を埋める議論に着手する」とあります。まさに、「特別目的株式会社」設立を後押しする考え方と言えます。

提言：北海道に「特別目的株式会社」を

この項の最後に繰り返します。筆者が何故に株式会社化のアイディアを出したかというと、実際に、「県」が「県産品」の販売を株式会社形態で行っていた、岩手県一本の「岩手県産株式会社」を作って成功していたという先例があったからです。

平成一七年六月、国会では、郵政民営化の論議が加熱していて、賛成反対意見の落としどころの検討が行われたりしていました。そうした中、地方自治体、特に「北海道」も率先して地域産物の販売面により一層の力を注がねばならないとの思いがあったからでした。

ただし、そこで問題は「営利方式」ということです。たとえば、第三セクター方式ですが、北海道の場合は、これまで「苫小牧東部開発」などは第三セクター方式で運営していましたが、出資者間の利益（減益）配分問題で、結局、破綻したという経緯があるのです。

地域特性があって、第三セクター方式になじまないということかもしれません。いずれにしても、単なる営利追求は憚られるわけですが、あくまでも公益性を優先させねばならないのであって、組織形態を通常の株式会社形態ではない「公益優先株式会社」としなければならないわけです。

つまり、現実に営利追求が図られなければ、活性化は望めない。その点、現行で最も営利追求できるのは、株式会社形態です。そしてこの株式会社に「公益性」を注入しなければならないということなのです。

現在は、「非営利株式会社」という名前は、必ずしも適切ではなかったと考えています。むしろ、「特別目的株式会社」として、その内実は「輸出専門会社」であり、そこで得られた利益は、公的機関（たとえば、地方自治体）に寄付する、ということを定款で謳うというものなのです。

つまり、売上のうち必要経費を除いた純利益分は、株主配当はせず、一括公的部門に寄付するということです。

たとえば、この純利益を道に一括寄付されると、これを各地方自治体へ適切配分されることにより、各自治体（市町村）単独での経済活性化の問題がほとんど免除され、その結果各市町村は、それぞれの地域の人々の生活改善の方に専念できるということになるわけです。

結果的に、道民が生活に潤いを持てば、それが回りまわって、出資した道内各会社や株主も潤っていくことになるという構想になります。

こうして、「北海道株式会社」の設立にあたっては、「諸経費を除いた利益は北海道庁に寄付する」と定款に書かれる必要があります。これが、「オール北海道による移輸出を専門とする特別目的株式会社」の意味です。

最後に、現存する組織形態を営利組織と非営利組織に分けた場合をまとめたものを示しておきます【図表6—3】。

北海道株式会社が、この表のどこに位置するのかはともかく、「公益性第一の株式会社」であることは確かです。

この会社の取引先(市場)は、出来る限り遠い方がよい

(6—2節)でも見ましたように、この会社の取引先(販売先)は、道外や海外など出来る限り遠い方がよいのです。

出来る限り遠くへ運ぶのは、道産品を提供する道内企業全体がうるおうと考えられるからです。

流通過程とは、モノをつくっている人(メーカー)から、卸へ、そして小売へと渡り、最終市場(消

費者・購買者）へ届けられるという過程のことです。メーカーと消費者の間には、中間業者（流通企業）が入っています。実は、この流通企業（広い意味では商業です）には、産業（企業）の大部分が属しています。

要するに、商業と言った場合、「卸・小売業」だけではなく、【図表6―2】で見ましたように、モノの流通にまつわる全ての企業（例えば、広告業、通信業、運送業、倉庫業、金融業、保険業、

【図表6―3】組織形態

組織の種類		組織形態（例）	配当
営利組織	公　益	公共企業 電気会社 ガス会社 鉄道会社	
	非公益	株式会社 合同会社 合資会社 有限会社	利益(株主に配当)
		社会的事業（Special Enterprise）	利益(社会還元)
		特別（特定）目的会社（SPC法） （SPC：Special Purpose Company）	利益(株主に配当)
		非営利株式会社（商法）	利益(公的部門に寄付)
非営利組織	公　益	公益法人 社団法人 財団法人 学校法人 社会福祉法人 宗教法人 医療法人 更生保護法人 特定非営利活動法人（NPO法）	配当（禁止、利益処分なし、利益次期繰り越し）
	非公益	中間法人 労働組合 信用金庫 協同組合 共済組合 中間法人	

さらに、賃貸業、不動産売買業など）がかかわっています。

北海道では、商業部門（特に、卸売業）が全国に比して劣勢です。

したがって、モノはそうした商業者の手を経て市場へと移送される仕組みになっているわけです。

換言すれば、物が運ばれない限り「商業」は活性化しないということです。また、遠くへ運ぶことにより、より多くの商業者が介在することが予定されるのです。

6-9 道産品の市場はどこか

販売先（市場）を考えるに際して、まず、道産品とはどのようなものなのかを知っておく必要があります。

道産品とは何か

巷間、北海道経済活性化の糸口として考えられているのは、今のところ二つです。北海道の二大資産と考えられている「道産品」と「観光」です。

このうち、北海道観光については早くから積極策が採られてきており、かなりの効果を上げてきています。実際、この観光客入り込み数は、北海道経済部（平成一八年）の調査によりますと、平成一六年度で北海道民五七〇万人に対して、道外からの観光客六三二万人であり、対道人口比一一〇・九％となっています。しかし、観光客は近年横ばいといったところです。

日本全体では、人口一億二五〇〇万人に対して、海外からの観光客数（訪日外国人旅行者数）は、対総人口比四・二％程度です。これに対し、世界有数の観光国といわれるフランスでは、人口約六〇〇〇万人に対して観光客数（フランスへの外国（非居住者）からの旅行者数―フランス観光庁）は、約七七〇〇万人を超え、対総人口比一三〇％に達します。

それには及ばないものの道内観光の入り込み客数は、決して少ないとはいえない状況にあります。北海道観光連盟を中心として道・自治体や旅行業者も一体化した形で観光客誘致に全力をあげてきたことの成果として評価できます。

また、海外からの来道者も、ここ三年ほどで一九万人増え、平成一六年度で四二万七〇〇〇人となっています。そのうち九割がアジアからで、また、全体の半数が台湾からきています。

海外、とりわけアジアの人々の間に北海道人気がでてきていることは確かです。東アジアの消費者（ソウル、香港、台北、上海）を対象に行った調査によると、北海道が三都市（香港、台北、上海）の人々の間で人気のトップになっていることが報じられています。

こうした観光の好調さに比して、道産品出荷の方は芳しいものとはいえません。「域際収支」（道内と道外との取引）における、かつての二兆円の赤字に見るように、依然として、出ていく方が入ってくるより遙かに少ないからです。こうした背景には、

（ⅰ）北海道の産業構造の特徴である、全国に比して、第二次産業・第三次産業に比率が高く、したがって、第二次産業の比率は低いが、その産業内においても、「建設業」の比率が高く「製造業」が低いことが上げられる。

（ⅱ）製造品出荷額は、農水産品を加工する「食料品製造業」が最も多い（北海道開発局の策定報告書では、製造業における売上の約八割が中小企業で占められている）。

（ⅲ）域際収支のうちでも、特に、道内と海外との取引状況を表す「北海道の貿易収支」の赤字が顕著である。

こうした点を考え合わせますと、域際収支赤字解消のための最大の方策は、「道産品をより多く海外を含めた道外へ出荷していくべき」ことが帰結されます。

しかしその場合、根本的に横たわる「どのような道産品を、何処へ（買い手市場）、どのような方法（輸送手段、流通ルート）で持って行くのか」の問題がクリアされねばならないでしょう。

では、道産品とは何でしょうか。

（a）道産品の定義

まず、道産品とは何かです。北海道（経済部地域産業課）の定義によりますと、「道産品とは、道内で生産または加工が行われたもので、かつ道内で最終加工されたものをいう」となっています。この定義で注意を要するのは、「道産品」とは、単に作られたモノ（製品）を表しており、したがって、「商品」（売れたモノ）になる前のモノを意味している点です。つまり、「道産品」とは、単に作られたモノに過ぎないのであり、それが売れるモノであるかどうかは、まだ分からないという状態を指しているということになります。

一方で、「新製品」も、どしどし開発されています。かつての「一村一品運動」から生み出された地域特産品を始め「産業クラスター構想下での産学官連携」等によりＩＴ（情報技術）やバイオテクノロジー（生物工学）関連の数多くの新製品が登場していますし、現在でも、相変わらずバイオテクノロジー、ナノテクノロジーなどの製品や製品化構想が脚光を浴びております。

例えば、バイオテクノロジー研究で注目されるものとして、北海道で採れるもののうち、これまで利用価値のないものとして捨てられてきた部分の有効活用を図る新しい製品化の可能性を持たせるものがあります。

このうち、筆者が注目したものに千歳科学技術大学を中心として開発されているホタテ貝のアラの遺伝子から繊維を抽出する技術開発があります。これは世界的な発明との呼び声もあるほどの価値ある開発であると言います。

また、農産副産物である「デンプン粕《かす》」や「規格外小麦」が含む糖分を材料としてエタノールを製造、レギュラーガソリンに混合して新たな自動車燃料（E3）化を目指すもの、太平洋沿岸地域において、カニとツブ漁の際に混獲され、全く価値がないのに膨大な処理費用が掛かることから苦慮していた「ヒトデ」の有効利用なども現実味を帯びてきています。

これらの製品化構想は、北海道にとっても将来に大いに期待を持たせるものではありますが、一方では、こうした新製品が北海道経済全体の活性化に資するようになるまでには、まだまだ時間が掛かるというのが関係者の一致した意見です。

製品が購入されて（市場に受け入れられ）、はじめて、作り手企業の存続が可能となります。市場あっての企業です。市場化されない製品をいくら作っても宝の持ち腐れとなる場合が多いということです。

実際、新しい製品を待つまでもなく、北海道にはこれまで実に多種多様な良い製品が存在しています。まずもって、これらの製品を必要としている人々へ手渡していく（売る）ことから考えるべきではないでしょうか。「これまでの製品が売れずして、これからの新製品が売れようか」と言われてもしかたがないでしょう。

何か従来とは別様の方法がないものかということで、これから筆者の一つの考え方を提示してみたいと思います。

マーケティングにおいては、「新製品」という場合、三通りの意味で考えられています。すなわち、
（ⅰ）文字通り、「自社にとっても市場にとっても新しい製品」である。
（ⅱ）「（市場には既に存在しているが）自社にとって新しい製品」である。
（ⅲ）「新しさ」は消費者が決めるものである。この意味で提供する側が「新製品」と決めてもだめなのであって、あくまでも消費者にとって「新しい」と感じたとき初めて「新製品」になるのである。

このうち、（ⅱ）については、さらに、自社がこれまで出してきた既存製品に対する変更も含まれます。それには、既存製品自体の改良もありますが、その製品のターゲットであった買い手（市場）や販売方式などを変更することも考えられます。

確かに、北海道の場合には、こうした既存道産品に対する買い手や販売方式の検討が不十分であったことが指摘できます。売れないのは製品がよくないから、消費者に合わないからであるとして、直ちに「新製品開発」に走っている感も否めないのです。

ここで強調したいのは、既存道産品の消費者不適合性問題へ繋げるより、もっと重要な点を見逃しているということです。それは、より広範囲に買い手（市場）を探すこと（市場探索）や市場拡大を図ること、及び特定市場への販売方法や物流のあり方をより適切なものへと変更することなどの検討が十分ではなかったのではないかということです。つまり、既存製品のターゲット市場や販

売方法は、これまでのような形で良かったのかの検討が必要と言うことなのです。

端的に言えば、道産品には非常に良いモノがたくさんあるのに、どうして売れていかないのかということを今一度吟味し直すということにほかなりません。

(b) 道産品はどのように情報発信されているか

北海道の情報発信には問題があるとの指摘があります。総合研究開発機構（NIRA）の分析によりますと、少々古いデータですが、情報の発信は、ほとんど道内止まりであり（八三％）、したがって移出率は、一七％に過ぎないとなっています。これに対し、受信の方は全国八地域中最も高くなっており、移入率は六二％に達しているといいます。その結果、収支率［（発信情報量―受信情報量）÷発信情報量×100］は、マイナス一一七・七という状態なのです。

近年は、インターネットを用いて情報発信し、「電子商取引」（eコマース）を行うケースも増えてきています。（財）北海道地域総合振興機構（通称「はまなす財団」）では、従来の「道産品のデータベース」にかわって、「ナビゲーションwebサイト・北海道発」をリニューアルオープンしています。これは、北海道の自治体、民放五社、新聞社等が共同体を形成し（はまなす財団が運営主体）、道内二一二の全市町村（当時）へ情報提供・参加を呼びかけて、最新の「情報タイトル」を提供してもらうというものです。イベント、観光、自然等までの「情報タイトル」をクリックすると、リンクされた情報サイトへとダイレクトにジャンプすることができます。また、情報タイトルを地域別に表示することもできるようになっています。そして、それぞれの地域の特産品へとアプローチすることができる仕組みになっています。

しかし残念ながら、現在でも北海道の場合は、域際収支における赤字問題同様、情報を受ける方が多く、出す方が非常に少ないといえるのです。

ところで、前述しましたように、モノが作られても買い手（市場）がつかなければ在庫として残るだけです。売れないことから価値（当然、付加価値も）を生むこともありません。

マーケティングにおける基本的な考え方は、個々の企業レベルでは、市場の把握が第一であり、買い手の見当をつけてからモノ作りが行われるべきであるとされています。買い手がいてこそ企業が存在できるという考え方からきています。道産品を売る場合も同じであって、「売れるモノを作る」という当たり前のことが実践されていないことが多いように見受けられるのです。

あるレストラン・チェーンの社長の言葉があります。「おいしいから売れるのではない。売れるから美味しいのだ」と考えて、ある料理をだすとき千回も試すことがあると述べています。肝に銘じたい言葉です。

すなわち、北海道においては、これまで同様、「作って」から買い手を探しているという方式が大半です。つまり、市場探索をほとんど無視したモノ作りが行われているといっても過言ではない状況で推移してきています。

同様に、モノを運んでいく販売業者の方にも活力が今ひとつ感じられないのです。すなわち、彼らには資金もないが、市場探索もなければ、もっと遠くの市場へ運んでいこうとする意欲もないというように見えてしまいます。結果的に、売れないのは製品の所為《せい》にしてしまっているところがあるのです。

実際に行われている販売努力の状況を見てみます。基本的には、卸や小売（百貨店、運送業者を含む）を通じて道内・道外に紹介され、販売されます。また、こうしたことを活発化させるべく、北海道をはじめとする自治体や銀行などの金融機関が道産品の展示会や商談会を開催したり、電力会社が東京などに直営販売店を開設して道産品の宣伝を行っています。

販売努力の一環として「ブランド化」があります。その語源が、牛を識別するために押された烙印（burn）とされているbrand（ブランド）は、一般に、製品独自に付けられた呼び名（銘柄、商標）であり、また、その製品が誰によって作られたかを明らかにする出所機能、ないし、製品が一定であることをあらわす品質保証機能を持つものであるとされています。一方では、企業にとって「ブランド」は、重要であることが唱道されます。好調時のブランド戦略、不調時のブランド戦略、危機打開のブランド戦略、危機再生のブランド戦略などという言葉まであります。企業にとって、常時、ブランド戦略は欠かせないものとなっているのです。

こうした性質に目を付けたのか、最近、「地域ブランド化」ということが叫ばれております。総じて、「地域ブランド」には、当該地域自体を活性化させる意味とその地域の地場企業を活性化させる意味の両方が込められているようです。

全国各地での「地域ブランド戦略」の例を、関満博・遠山浩氏等が紹介しています（『「食」の地域ブランド戦略』、新評論、平成一九年）。

道では、菓子、土産品、観光などの関係機関・団体、企業等で構成する実行委員会を設置し、平成二〇年度から「北の名菓づくり支援事業」として、世界自然遺産・知床や時計台などの主要な道内観光地をイメージした創作菓子の商品化に乗り出しています。

また、経産省北海道経済産業局も平成一六年三月に「北海道産業パワーアッププログラム」を策定していますが、その一環として「地域ブランド形成プログラム」を作成しています。これは、基本的には、「ＪＡＰＡＮブランド育成支援事業（委託事業）」であり、全国さらには海外のマーケットにおいても通用する高い評価を確立すべく、商工会・商工会議所等が単独または連携して行うものとされています。地域の企業等をコーディネートしつつ行うマーケットリサーチ、専門家の招へい、企画、新商品開発・評価、国内外の展示会への参加、販路開拓活動などの取り組みを行うプロジェクトを推進する総合的支援事業のようです。そこでは、十勝のナチュラル・チーズ、オホーツクの木工クラフト・農産品、幌加内そば等のブランド化が挙げられています。

こうした地域ブランド化の動きの背後には、一つの懸念も生じております。あまり地域ブランドが多くなってしまうと消費者にとって差別化が困難になるという問題です。

かつて、北海道でも、町や村興しとモノ作りを結びつけた「一村一品運動」がありました。もの凄い数の「一品」が作られましたが、その後盛り上がったという話は、皆無とは言わないまでも、数少ない状況にあります。それは、北海道で採れる素材はほとんど同じであることから、結果的に名前を変えただけのように見える製品が大量に出現し、買い手はその多さに迷ってしまったというのが実情のようです。

それが、今度は、「名所」を冠した「地域ブランド」ということで再登場したにすぎないのではないかと思ってしまうのです。

ところで、先日、栃木にある日光東照宮近くの「まんじゅう屋」に入ったときのことです。店員が「アンは北海道産の豆を使っています」と自慢げに説明しましたので、「北海道のどこ産」と聞いてみると「それは分かりません」という返答でした。

以上のような点を考え合わせますと、北海道内で採れたモノ、作られたモノには、「北海道ブランド」を冠するということでよいのではないでしょうか。つまり、「北海道の何ナニ」でどうかということです。どうしても地域名を付けたいのであれば、「北海道幌加内そば」、「北海道十勝長いも」となります。

さらに付け加えて、道産品のロゴマークも作った方がよいと思います。

例えば、現在、北海道では、「道産品販売促進キャンペーン事業」の一環として道産品の良さをPRするため、統一キャッチフレーズ及びロゴマークを作成して商品に付けることを推奨しています。

このようなものができましたら商標登録をすることも欠かせません。

特に、海外は、「Hokkaido sushi（ホッカイドウ・スシ）」「Hokkaido soba（ホッカイドウ・ソバ）」「Hokkaido potato（ホッカイドウ・ポテト）」で十分ということになります。

一方、全国で生産される農産物の素材および加工品には「北海道」という名前を冠したものが出回っております。つまり、「北海道」が利用されている（道外や海外のメーカーに活用されている）ということです。

したがって、北海道産の素材で、北海道のメーカーによる産品であることを明確に表示する必要がでてきます。実際に、製品の素材が「北海道産」でないものが多くなってきています。道内地域の特産品と銘打って四国のメーカー製品を取り扱っている道内の販売業者もいます。こうしたモノを「道産品」と銘打っているのではいけません。トレーサビリティー（製造者表示）やハサップ（すべての工程における品質管理）を持つ安心の出来るものが要請されており、そうした点の配慮をした上での「道産品」でなければなりません。

道も、優れた品質の道産食品をより強くアピールするべく、「道産食品独自認証制度」を設けています。この認証制度は、道が平成一六年度に創設したもので、道内産の農水産物を主原料とする農畜産物、水産物商品（「ハム類」、「ベーコン類」、「ソーセージ類」、「ナチュラルチーズ」、「日本酒」、「熟成塩蔵さけ」、「そば」、「みそ」、「ワ

きらりっぷ
北海道認証®
Hokkaido Food Product

イン」、「いくら」、「アイスクリーム」、「豆腐」、「納豆」、「しょうちゅう」）を対象とし、道が認証機関として登録した第三者機関が、添加物の含有量や製造場所の衛生管理などの審査を行い認証するものです。

認証後も定期的に検査を実施するとしています。認証商品は、道の認証マークを貼って販売することができるようになっています。

令和六年三月三一日現在、ハム類（四点）、日本酒（一点）、豆腐類（四点）、納豆（九点）、そば（二点）、アイスクリーム（二点）、みそ（二点）、しょうゆ（三点）、熟成塩蔵さけ・いくら類（七点）、ナチュラルチーズ（二点）が認証されています。

前にも触れましたが、東アジアでも北海道牛乳は評判なのに、道内では先頃、作りすぎたとかで生乳を産業廃棄物として廃棄処分しました。

こうした状態の一方で、農水省は、余剰乳を買い上げ（政府買い上げ）て、緊急かつ例外的に海外緊急援助とすると発表しています（『朝日新聞』（朝）、平成一六・四・五）。しかもここでは、生乳を保存、輸送できるよう加工するとしています。

海外援助は廃棄するよりは、もっとずっとましなやり方ではありますが、生乳としてのみならず、加工品の形で北海道牛乳を戦略的輸出品とすべきときが来ているのではないでしょうか。

現在の道産品市場はどこか

まず最初に、現在の道内企業による道産品の販売先は圧倒的に道内市場であると言わざるをえません。

北海道の不景気は、企業の不活発化にあり、また、それはモノ（産品）が売れないからであるという点については、誰しも異論はないでしょう。ところが、最近、北海道に住んでいる人が、道産品を欲しくても手に入らない（口に入らない）という話を聞くことがあります。また、道民には、道外に「良いモノ」が出荷された後の「残りもの」しか手に入らないのではないのかという話も出たりしております。ことの真偽は別にして、こうした苦情・苦言が北海道における「流通の仕組みの悪さ」や「地産地消」説を生み出す背景となっていることは確かなのです

道内企業の実態を見ておきます。北海道経済同友会の調査報告（平成一一年）では、福岡県企業との比較を行っています。この報告書で顕著な点は、道内企業の販売先（地域）です。北海道企業の道内への販売が九六・八％とでています。これに対し、福岡県企業の福岡県内への販売は、一二・五％、九州一円でも八八・八％となっています。また、海外への販売状況（東アジアとその他海外）も、道内企業は三・二％であるに対し、福岡県企業は一二・六％と開きがあることから、道内企業は、圧倒的に「道内販売志向」であることが分かります。

また、道内企業の海外取引状況を詳しく調べたものとして、北海道経済国際化推進会議（平成七

年）の報告書があります。この報告書は、製造業を中心とする六〇〇〇社あまりの道内企業にアンケート調査し、一四三八社から回答を得た結果（回収率二三・四％）とされていますが、このうち、海外との取引を実施しているのは、四〇六社（二八・二％）（製造業三一七社、非製造業八九社）で、輸出を行っている企業が、一二六社（八・八％）（製造一〇三社、非製造二三社）、輸入を行っているのは三四八社（二四・二％）（製造二六二社、非製造八六社）、また、輸出入とも行っている企業は六八社（四・七％）（製造四八社、非製造二〇社）となっています。

輸出を行っている企業（一二六社）を製造業業種別にみると、直接取引・間接取引合わせて多い順に、食料品（二八社）、一般機械器具（一九社）、電気機械器具（一二社）、木材・木製品（七社）等であり、同じく輸入を行っている企業（三四八社）では、食料品（一〇〇社）、木材・木製品（六八社）、窯業・土石製品（一五社）、一般機械器具（一四社）、家具・装備品（一二社）等となっています。

これらの少々古い統計をみるかぎり、食料品、木材・木製品など、道内企業が得意となるであろう業種で、輸入企業数が輸出企業数を大幅に上回っている状況です。

一方、今後の見通しとして、中国やロシアが重要であるとした企業は、地方資源型の製造業が中心であるに対し、米国やヨーロッパは非製造業の企業が関心を持っているとでております。

実際上、企業にとって市場創造は簡単ではありません。どのような市場も、常に変化し変質していくものだからです。しかしながら、買い手市場あってこその事業継続・成長発展である以上、自社製品にとって適切な市場を探索し、そこへ向けて既存製品や新製品をオファー（提供）し続けることしか道はないのです。

こうした市場創造姿勢が、これまでの道産品販売には欠如していたと言わざるを得ません。

道産品のこれからの市場は海外

道産品をどこへ販売していくかを考えてみましょう。

まず、足下から、すなわち、生産地域の人々への販売です。前記された「地産地消」も、その一つです。地元の農産物を買おうにも、地元で売っていないことがあります。地元で獲れたモノは、そのまま市場に出荷され、残っていないのです。このような状況を憂い、道民も「消費者の農業参加を」と訴えています。「田舎倶楽部」というグループでは、消費者がお金を出し合い、農家にいい野菜を作ってもらうという「消費者が生産者を支えるシステム」を実施しています。

次いで、生産地域外で道内の他地域への出荷があります。生鮮食料品の場合、中央卸売市場やスーパー経由で販売されます。

さらに、道外（日本国内）へとなります。商社や輸出代行業などが中心となり出荷されていきます。ここにインターネットなどの産地直送品、クール宅急便なども加わっています。そして、海外への直接輸出です。

先ほど、道内企業の販売先（地域）を見たとき、現在は道内への販売が九六・八％とでていました。圧倒的に道内ビジネスです。わずか三・二％が道外・海外移出となっていました。

ところで、道内外への移出については、これまでも様々な手を打ってきているにもかかわらず、域際収支赤字が長期にわたって常態化しています。筆者としては、将来についても、今まで以上の拡大は望めないのであって、今後は、海外への販売を優先させるべきと考えています。問題は、海外取引ないし輸出を、どこの地域と行うかということです。

北海道の輸出の可能性を考えるに当たって、海外の「どこへ」が問題となります。道産品に適合する可能性を秘めた地域（市場）でなければなりません。ここでは、ある程度具体的な海外市場への浸透の可能性について検討してみます。

マーケティングでは、国や地域を市場一本と考えるのではなく、「市場細分化」することの重要性を強調しています。その市場細分化部分（セグメント）のうち、自社製品に合った部分（これを「目標市場セグメント」という）に対して戦略の集中化を図るという考えです。

ただし、マーケティング学者の諸上茂登教授は、「市場細分化」概念が、国際マーケティング戦略の効率と効果を高める可能性があるという立場をとりつつも、「市場細分化戦略が、その威力を最大に発揮するのは、識別された目標市場セグメントに適合する製品差別化およびその他のマーケティング戦略と結び付いたときである」と指摘しています（『国際市場細分化の研究』、同文舘、平成五年）。

こうした戦略は、目標市場セグメントへの浸透戦略と呼ばれます。市場浸透戦略上の問題点や戦略展開プロセスについては、神戸大学の黄 磷教授が、巨大な新興市場として登場している中国を例として取り上げています（『新興市場戦略論』、千倉書房、平成一五年）。

一方で、農産物では防戦一方となっている中国に対して、一転攻勢をかける動きも出てきました。その点は、農水省から出されている「農林水産物等輸出の取り組み事例」（平成一七年四月報告）に見ることができます。

農産物輸出でよく引き合いに出されている「青森リンゴ」の輸出については、「通商白書二〇〇四」において、「輸出指向型のビジネスモデル」の例とされ、以下のような記述が加えられています。

「青森県の岩木山山麓の園地を持つりんご生産出荷業者であるKりんご園は、従来国内販売だけを行っていたが、一九九七年のりんご価格暴落をきっかけに、海外輸出の検討を開始した。まず、米国やニュージーランド向け輸出については、防疫に関する手続き等がかなり厳格であり、ハードルが高いことが分かったため、欧州に焦点を当て、具体的には英国をターゲットに検討を進めた」となっています（なお、筆者が中国からの留学生に聞いた話によると、青森リンゴは中国でも高価な値段で売られているということでした）。

こうした中、北海道にとって、世界市場の中で最も魅力ある市場はどこでしょうか。今日、市場経済関係者の間で注目を集めている国や地域を表現する言い方に、「ユーロ圏」、「東アジア」、「南アジア」、「ＢＲＩＣｓ」等があります。

筆者は、このうち道産品市場として、「東アジア」と「南アジア」に注目しています。理由は、二つあります。一つは、そこに所得上昇によって購買力旺盛な巨大市場が出現しつつあることであり、もう一つは、その市場が、道産品を受け入れる素地を形成しつつあることからです。

以下、東アジア市場、次いで中国市場、インド市場について検討します。

東アジア市場

吉原久仁夫北九州市立大教授（『東アジア地域入門講義録』、ウェブサイト、平成一九年）によれば、「東アジア」という言葉は二つの意味に使われているようです（注6―10）。すなわち、一つは「東北アジア」の意味であり、日本、韓国、北朝鮮、中国です。また、それに「東南アジア」の国が含まれるものであり、アセアン（東南アジア諸国連合）加盟国一〇カ国（タイ、マレーシア、シンガポール、インドネシア、フィリピン、ブルネイ、ベトナム、ラオス、カンボジア、ミャンマー）と平成一四年五月に独立した東ティモールの諸国が入ります。以上より、本稿でいう「東アジア」とは、右の国々から日本と北朝鮮を除き、香港と台湾の二地域を加えた一五の国と地域となります。

また、吉原教授によると平成一五年における日本の東アジアとの貿易は【図表6―4】の通りとなっており、これからも日本にとって、東アジアとの貿易の重要性はきわめて高いと言わねばなりません。

現代の東アジア諸国においては、経済成長が著しく、したがって国民の所得レベルも上昇し、購買力も増してきています。この東アジア諸国の所得レベル関連の指標について、「通商白書　二〇〇四」でも詳しく述べられています（注6―11）。

東アジアにおける日本の農産物に対するニーズの高まり

農林水産省（二〇〇三）は、「海外での我が国の農産物に対するニーズは高まっている」とする報告書を出しています。

また、農水省は、中国の上海や台湾の台北などアジア数カ所で通年型のアンテナショップを、平成一七年度に外部に委託する形で開きました。日本産を示すロゴマークも作っております。

そこには、例えば、道内産の長いも、サケ、ホタテ、チーズ、アイスクリームなどが並びました。

平成一六年九月の『日経流通新聞』には、特集記事（リサーチ）「活発になる農産物輸出・〝日本ブランド〟定着目指せ」が載せられました。その記事の小見出しには、「安全、外観、味で評価―安定供給に課題も―」が付けられるとともに、この記事の「ポイント」として、以下の三点が上げ

【図表6―4】地域別日本の貿易

	日本の輸出	日本の輸入
東アジア	44.9%	42.4%
アメリカ	24.5	15.3
その他の国	30.6	40.4

出所：吉原久仁夫（2007）

られています。

①日本からの食料輸出先はアジア諸国・地域。
②生産・流通・小売りでの取り組みを知らせる必要がある。
③継続的な輸出には域内で統一した生産・出荷体制がカギ。

一方、国内の自治体は、東アジア地域に自前の事務所を置いて、積極的に地域の産品を売り込んでいます。平成九年当時で、神奈川県、横浜市、長野県、大阪府、大阪市、兵庫県、神戸市など延べ三七カ所に及んでいます。香港には一五自治体、シンガポールには九自治体といった具合です。ただし、これらの地域の売り込みは工業用部品が中心です。

道庁は、こうした点を見越して、平成九年二月に東アジアの拠点「シンガポール」に事務所、中国への入り口「香港」にサテライトを設置しております。また、平成一五年に札幌市も北京に事務所を開設しました。

平成九年当時では、日系企業が、現地で缶詰、みかん、うなぎ、しいたけ、たけのこ、茶、着物、畳表、帯を製造し、日本に輸出していました。近年、東アジア地域の人々の間では、日本食に関心が高まっています。それも、スシ、サシミ、ノリだけでなく魚介類、野菜、果物など多岐にわたっています。値段は高いが、日本の食品は、ヘルシーで安全と言うことで、次第に浸透してきています。

東アジア地域の経済発展による所得上昇がその傾向に拍車をかけています。

かつて、中国との合弁で作られた上海に本部を持つ日系大手小売店のY社は、上海の郊外に土地を借り（五〇年間借地）、日本の野菜栽培を行っていました。そこで取れた野菜をショッピングセンター内にある食料品店で、日本の野菜として販売していました。日本の野菜は人気があるが、直接輸入では価格面で引き合わないからというのがその理由でした。

中国では、このような野菜生産と野菜輸出が急増しています。

カゴメ株式会社と中国最大手の食品事業グループである康師傅控股有限公司（本部・中国天津市）の一〇〇％子会社である康師傅飲品（ＢＶＩ）有限公司と伊藤忠商事株式会社の三社による中国における『可果美』（カゴメ）ブランドによる野菜・野菜果実飲料の生産販売を行う合弁会社を設立することで合意しております。また、アサヒビールと住友化学、伊藤忠商事の三社が、中国山東省に農業事業を行う新会社を設立するとしております。日本の先進的な農業技術を活用し、中国国内で農作物の生産から販売までを一貫して行うことになっています。生産品目は乳牛のほか、レタス、イチゴなどの野菜や果物。有機栽培やＩＣタグ管理により安全・安心を重視した高付加価値型の農業を目指すとしております。これらの生産物のかなりの部分が、日本への輸出に回されるという説があります。もしそうなると、北海道農業も大打撃をこうむることになります。

東アジアから積極的にアプローチしている

一方では、東アジアから日本へ食品関係で積極的にアプローチしています。NHKスペシャル「日本の野菜市場をめざせ—なぜアジア野菜が急増するのか・韓国、タイの戦略—」（平成一三年二月一八日（日曜日）夜九時）が五〇分にわたって放映されました。

タイのミニトマト、韓国のパイタイ（ピーマンの一種）で、国を挙げて事業展開、日本への輸出を目指しているところです。そのため日本の消費者の好みを徹底的に分析しているようでした。タイでは、ミニトマトの甘みを重視しています。韓国では、特に高めの野菜に注目して、日本への輸出を目指す企業を紹介していました。一方、国レベルでは、日本が長い間かけて培ってきた、また研究してきた成果を徹底的に研究し、農家に対して短期間での栽培技術を修得させている様子も映し出されていました。また、日本を四つの地域に区分して、それぞれの特徴を析出しているところもあるようです。北方地域、関東地域、関西地域、九州地域といった具合です。その結果、全体として消費者の目は厳しいが、まずは、関西地域の人々に受け入れられることが重要ということのようでした。さらに、日本の野菜栽培農家にとっては、価格下落による打撃を受けている（九州の宮崎、熊本）状況も放映されました。その原因を探るため、釜山へ実状視察に出かけている状況も紹介されていました。

こうして番組では、日本の野菜市場は四兆円と言われ、それをめぐって、さまざまな今後の課題が投げかけられているということで締めくくっています。

平成一六年度（九月、一〇月）の主要生野菜の輸入状況（速報値）が、農水省から発表されています。それによりますと、前年度（一五年度）同期に比して、野菜全般にわたって中国、韓国からの輸入ものが増えていることが分かります。

急増する輸入野菜への取り組みが、今や農政の中心的な課題になってきています。野菜生産が、北海道農業の柱になっていることを考えますと道内産野菜の価格下落対策などでは、心許ないという声もでています。

こうした東アジア諸国の日本へのアプローチを見るにつけ、過去、日本が採ってきた日本株式会社の方式を、東アジアの各国が採用しだしているようにみえます。

北海道も見習う必要があると思います。実は、「北海道株式会社」の構想は、こうした考え方を採用しようとすることにほかなりません。

中国市場

東京電力・福島第一原子力発電所にたまる処理水の海への放出が始まって、中国政府が、従来の輸入規制措置に加えて、新たに日本を原産地とする全ての水産品の輸入を全面的に停止する措置を導入して、北海道の海産物も打撃を被っておりますが、これはいずれ解決される問題だと思います。

経済学者の篠原三代平教授は、近年、中国経済の世界経済に与える影響が目に見えて大きくなってきていると書いています（注6—12）。中国の経済発展のめざましさやそれに裏打ちされた政治的発言力の増大については今さら言うまでもないほどです。

一方で、消費力や市場としての拡大もめざましいのです。

渡辺利夫氏等は、東アジアを市場として考えるとき、その中で中国の優位性が明らかになってきたと述べています（注6—13）。

平成二年には東アジアに占める中国の割合は、家電販売額全体の四割弱、情報機器では約一割であったものが、平成一三年には前者が六割、後者が五割以上を占めるようになっているからです。

その一つの例として、日本、中国、韓国の三カ国のインターネット・ユーザーに対して行ったJMR生活総合研究所（平成一六年）の調査があり、そこでは、ごく最近の中国国民の旺盛な消費意欲の実態があらわされています（注6—14）。

また、この調査では三カ国の家族構成の違いも示しています。すなわち、中国では三人家族で働き手二人が主流、韓国では四人家族で働き手は二人が多く、日本では三〜四人家族で働き手は一人が多いとあります。このことは、女性の有職率において、日本で四五％、韓国で五二％であるに対し、中国では八〇％の高さであるということから帰結されるとしています。もとより、調査がインターネット利用者という限定付きということを念頭に置かねばなりませんが、中国の旺盛な消費の一つの背景をなすもの、ないし今後の消費動向を占う家族構成や働き手の実態ということができるでしょう。

すなわち、中国における家族の生活態度としては、まず、一人っ子の教育をきちんとしなければならないが、余裕ができれば（貯蓄へというより）よりベターな衣食住消費や自動車をはじめとする耐久消費財購入にまわすという姿勢が窺われるのです。

しかしながら、こうした消費力や市場の拡大も、一方において、もう一つの問題を大きくクローズアップさせています。「所得格差の増大」と言われているものです。登承平氏の「金持ちになる者から金持ちになりなさい」の結果と言われますが、「都市と農村」、「沿海部と内陸部」における格差が重大な問題とされだしています。平成一五年の一人あたり平均可処分所得をみても省レベルの自治体で全国トップの上海市（一万四八〇〇元：二五万一六〇〇円）に比べ四川省、貴州省とも半分弱にとどまっています。

こうした中、寺島実郎氏（平成一六年）は、「人口パワー」と「富裕層の台頭」が、市場として世界の注目を浴びていると述べています（注6―15）。すなわち、現在、中国の二～三％が富裕層といわれます。仮に一％としても、国全体で一三億人であるので、一三〇〇万人となり、東京都の人口に匹敵する数となります（北海道の人口の二倍強です）。数千万人の富裕層を抱える市場は「巨大市場の出現」という表現に相応しいものです。一台四〇〇万円もする日本車が飛ぶように売れ、北京で発注しても六～八ヶ月待たされるという状況とあります。

博報堂が北京、上海、広州で調べた「中国人の金持ちの実態」が、週刊誌『週刊ダイヤモンド』

で紹介されています（注6―16）。

調査対象は、月収六〇〇〇元（七万八〇〇〇円）ということですが、五〜六倍とされている物価水準を計算しますと、日本では、月収五〇〜六〇万円に相当するということです。この調査結果から浮き彫りになったこととして、「高額品、舶来品に惜しげもなくカネをつぎ込む旺盛な消費意欲。日本企業が、無尽蔵にも見える巨大市場に引かれるのも無理はない」というコメントが付けられています。

「中国・海外最大のスコッチ消費国へ―所得向上で輸入急増・一〇年内に米抜く勢い―」という新聞記事もありましたし、「自動車の次は、ペットだ」という日本企業も現れました（注6―17）。

一方、農林水産省（平成一五年）の年次報告では、最近の中国の食料・食料消費関連の状況について以下のような項目建てで説明されています。

（1）経済成長に伴う食料消費の増大と多様化が進展している。
（2）中国の一人当たりの耕地面積、穀物生産量は世界平均を下回っている。
（3）土壌流失や砂漠化が進行している。
（4）近年、穀物作付面積が減少し、野菜や果実等の作付面積が増加している。
（5）近年、穀物生産量と穀物在庫量が急激に減少している。
（6）穀物等の国際需給の動向に対する中国の影響が強まっている。

北海道経済同友会でも、北海道はもっと中国との経済交流を図るべしという趣旨の提言を出しています（北海道経済同友会企業委員会「北海道経済のグローバル化に向けて―中国との経済交流を中心として―」、平成一四年一一月）。

中国の人々の好みは変化している―世界の魚が中国へ―

もともと、中国では高価な食べ物であった魚が人々の所得の上昇と共に急速に広がりつつあります。世界の魚消費の三分の一が中国となったことが上げられます。現在は、沿海州部分であり、これから、内陸部へと広がっていくと見られています。現在、内陸部では川魚中心と言うことですが、次第に海魚が入りつつあることもテレビで放映されていました。中国全体で膨大な魚消費市場を形成しつつあるというのです。

大連で魚の加工品をつくる国有企業（一万七〇〇〇人が働いている）の代表者は、「日本人は魚を食べて長生きしている。中国人も魚を食べることを学ぶ必要があると考える、高速道路も整備されてきたので、これからどしどし内陸部へ広げていく、日本の漁船も直接大連港へ入ってこないか、そうすると、二重手間もかからず流通コストなど安く済むのではないか（しかし、これをやると逆に日本に直接中国船が入って来ることが懸念されるという）」と言っていました。

また、マグロと言えば、日本人が大部分を食してきましたが、中国へマグロの輸出も始まっています。商社が斡旋していますが、この商社マンの言葉に、「この調子で中国の魚消費が進むと日本人の口に魚が入ってこないときがやってくるかもしれない」もありました。

長崎の漁業組合では、魚のうちモノによって日本より高いモノ（日本の倍）がある。流通コストを引いてもまだ利益があることが分かったので、輸出しているとのことです。

ここでの教訓を二つ示しておきます。

（1）食生活の違いによって、中国人には向かないとかきらいであるとか見られてきたモノがありました。例えば、生卵は食べない、魚は食べる習慣がない、などです。生活の改善とともに、オファーすることにより受け入れられるモノがあるということです。

（2）日本よりも高く売れるものまで出てきています。それは何か、また、高く売るために何が必要か、というところまで来ていると考えた方が良いようです。

南アジアのインド市場―これからの巨大市場―

東アジアの隣の南アジアに位置し、今後、中国に次ぐ巨大市場と期待されるのはインドです。インドの場合、現在の人口も既に中国を越えたと言われております。確かに、人口が多いからといって、即購買力の大きさを意味しません。しかし、インドは、もともと農業、工業、鉱業といった基幹産業で成り立つ国ですが、近年、ＩＴ関連産業の活発化もあり、次第に人々の所得上昇も見込まれることから、販売市場としても大きく期待されるのです。

インドのアブドゥル・カラム前大統領も、インドが令和二年までに先進国の仲間入りを果たすための戦略を示した「インド二〇二〇」という書物を出していました（注6—18）。

外務省の調査によると、インド人は、比較的日本のことを知っており、日本を好意的に見ており、日本企業のインドへの進出を歓迎している結果が報告されています。実際にも、インドでは、日本企業が工場や営業拠点の拡充に相次ぎ乗り出しています（注6—19）。

6-10 道産品の移輸出拡大の可能性

道産品の移輸出拡大の方策はあるのかという点については、これまで筆者も検討してきました。「食料」と「食糧」との漢字の相違については、「食料」とは食べ物一般を、「食糧」は主食となるものを指すとされています。

農水省（平成一五年）によりますと、日本の食料産業全体（農・漁業＋食品産業等）の国内生産額は、一〇二兆円であり、全産業九三一兆円の一一・〇%を占めています。一方、北海道の食料産業の生産額は、全体の一九・〇%（五分の一）となっています。

平成一六年八月、マスコミ各社が、日本の食料自給率は、相変わらず四〇%（カロリーベース）

であると報道しました。ついでに、平成一三年においては、アメリカ一二二%、フランス一二一%、ドイツ九九%、イギリス六一%であったということで、各社一様に、日本と先進諸国との食料自給率とのギャップの大きさについてのコメントが付け加えられていました。

こうした背景には、自動車や電化製品など工業製品を輸出して、農産物や食料加工品の生産額を減らして輸入を増大させねばならないわが国特有の貿易構造があらわれている(したがって、貿易黒字体質となっている)という指摘もあります。

しかし、こうした貿易立国で技術力を鼓舞する日本に居住しているとあまり理解できないのですが、海外では、食料不足が緊詰の課題となった国や地域が増大しており、したがって、世界各国における食料増産のための盛りだくさんの政策には驚かされるのです。

平成一六年のWTOの新多角的貿易交渉(新ラウンド)議論にも見られるごとく、そこでの最大の焦点は農業であり、農産物の関税引き下げでした。ことほど左様に、国際貿易においては食料が戦略的商品として持つ意味がこれまで以上に大きくクローズアップしているのです。ブラジルなどは、中国への穀物輸出でさしもの膨大な貿易赤字を解消したといいます。

ひるがえって、北海道はどうかと言いますと、全国一の農林水産生産高を誇り、食料自給率は相変わらず二〇〇%(カロリーベース)となっています。

こうしたことを考え合わせると、北海道もかつての「食料基地」としての役割を今一度想起し、食料の増産を図ると共に、それを戦略的商品として外へ(道外・海外へ)出していくことを第一義的に考える時期に来ていると言わざるを得ません。

しかしながら、そうするためにはいくつかのクリアさるべき問題のあることも事実です。マーケティングの考え方では、モノを出していくためには、その前提として買い手（市場）がなければなりません。例えば、個々の製造企業であれば、自社製品を売ろうとする場合、大きく分けて二つの問題解決に迫られます。一つは自社の開発した製品を市場開拓する場合であり、もう一つは有力な市場に合った（合わせた）製品づくりをして提供することです。しかし、いずれにも共通するのは、「買い手（市場）」であり、買い手市場なしには企業は存続し得ないのです。

作ったモノは全て売れた時代は去ってしまった今日、北海道企業には、こうした「市場」に合うモノを提供しなければならないという認識がまずもって必要となるでしょう。

しかしながら、こうしたことを念頭に置きながら北海道の現状を振り返ってみますと、北海道の産品（道産品）は、これまでも豊富に存在していた（存在している）ことに改めて気づかされますが、また一方、それらの産品を求めている大市場が海外に醸成されつつあることも分かってきました。結論的には、北海道では、現在、新製品を作り出すまでもなく、海外における大市場が求める産品を大量に出荷する可能性を有しているということです。

これらの見解について、次節以降で出来る限りの検討を加えてみます。

6-11

物流は海上輸送

北海道から東アジアへ道産品を持って行く場合、これまで以下のような難点が挙げられていました。

（i）東アジアの食料品はじめ一次産品は、価格面で太刀打ちできない。
（ii）東アジアは距離的に遠いので、物流コストが余計かかる。
（iii）生鮮品は、時間が勝負であるが、北海道からでは保たない（腐ってしまう）。
（iv）採算性を考えると現在のような少量では無理だ。
（v）道産子企業には、遠くにある東アジア・ビジネスは、とても歯が立ちそうにない。
等々の理由で、大半の人々や企業が二の足を踏んできたのが現状です。

そこで、これらの問題をクリアするには以下の「モーダルシフト化」や「大型クールコンテナ船の配備」の観点が重要となります。

モーダルシフトの活用

第1章で、越前大野藩の改革からは、（船による）海外との貿易と自前の店舗展開を学んではどうかと言いました。ここでは、海上輸送について考えます。

一般に、物を輸送する手段には、鉄道、航空、船舶、自動車（バス、トラック、タクシー）があります。具体的には、陸路であれば、鉄道、トラック、空路では、航空貨物便、海路では、貨物船、コンテナ船等です。

また、北海道発着の物財の輸送ルートを考えてみると、以下のような場合分けが可能です。

国内：①陸路
②陸路―空路―陸路
③陸路―海路（フェリー）―陸路
海外：④国内陸路―当該国への空路―当該国内陸路
⑤国内陸路―当該国への海路（コンテナ船）―当該国内陸路
⑥国内陸路―当該国への海路―当該国内海路―当該国内陸路
⑦国内陸路―当該国への海路―当該国A陸路―当該国内空路―当該国B陸路

東アジアへ物を運んでいこうとしている北海道にとっては、④〜⑦までが該当します。ここでの問題点は、どのルートにどの輸送手段を使用するのがより効果的・効率的か、実際に使用される鉄道、道路、空港、港湾が適正に整備されているかであります。大量輸送と輸送コスト低減が目標であるので、基本的には、⑥が効果的・効率的と考えられますが、実態はどうでしょうか。

国土交通省北海道運輸局の発表によれば、北海道内の貨物輸送量は、平成一一年度で約四億五五五〇万トンとなっており、輸送機関別では、トラックが全体の九七％強と大半を占めています（注6—20）。これに対し、道外他地域と北海道との発着は、船舶、鉄道などとの併用となっていますが、内航海運が、八〇％を占めています。北海道運輸局では、トラック輸送の現状について、北海道内における全貨物輸送量の約九七％を占めていますが、一方で、過載積、過労運転等に起因する交通事故、都市内の交通渋滞、排出ガスによる環境汚染問題等の解決が求められていると報告しております。

鉄道による貨物輸送は、長距離輸送における経済性、大量性の特性をもっており、環境負荷の軽減、円滑な道路交通の確保等のためにも、寄せられる期待は大きい（北海道運輸局）ものの、コンテナ貨物輸送の実績は漸減傾向にあるようです。

空港は、一四あり、海外への直接アクセスも九地域に及んでいます。しかし、航空貨物には、積荷量、積載料からいっても限界があります。

日本においては、現在、国際コンテナ物流活動の地方分散という現象が起こっていて（注6—21）、外国まで物を運んでいくに当たって、国内輸送の短縮化が起こっているということです。その要因の一つとしては、日本の国内物流コストの高さが考えられています。

具体的には、（1）内航海運コストの高さ、（2）長距離トラック輸送コストの実質的上昇および

【図表6―5】モーダルシフトの計算例

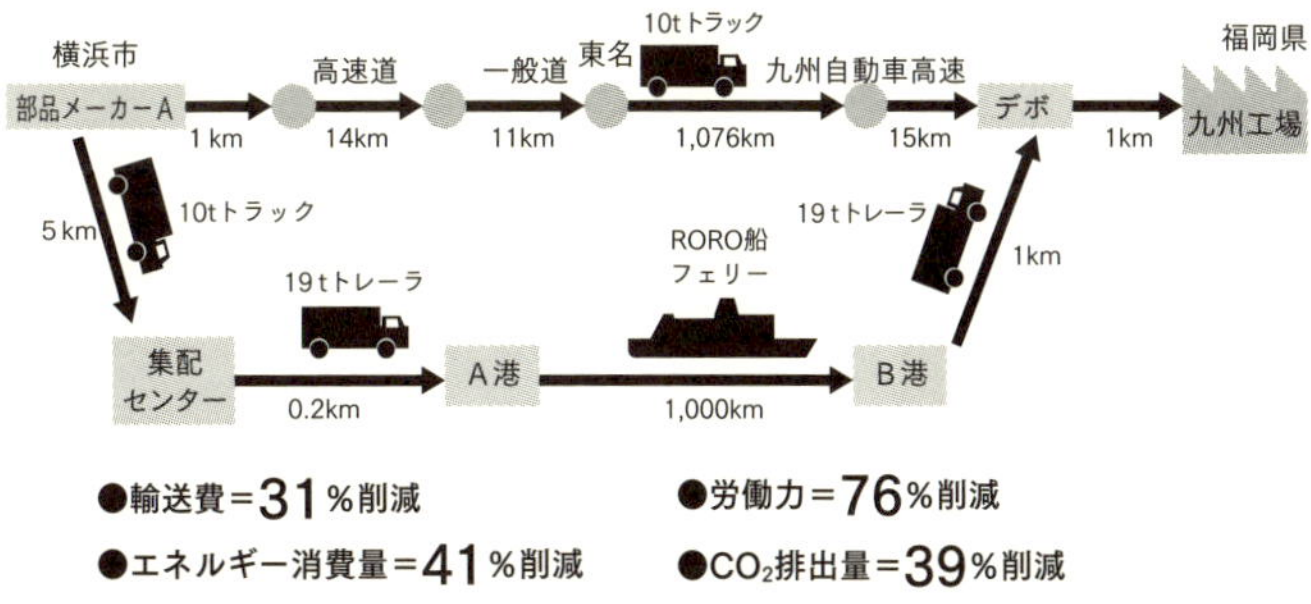

資料：運輸省運輸政策局

それによる近距離トラック輸送の利益率の相対的上昇と地方圏トラック輸送業者にとっての新たなビジネス・チャンスとしての地元国際物流業務への進出、であると言われています。

以上のことから、もっと海路を活用すべきという「モーダルシフト」の考え方が運輸省（現国土交通省）からでてきました（運輸省編「日本海運の現状」、平成一一年度）。また、モーダルシフトの効果については、具体的な計算例も出されています【図表6―5】。

海路による貨物輸送の実態として、道内・道外間と道内間とで見ても、圧倒的に道外に輸送されているウエイトが高くなっています。

北海道には、港湾は令和四年現在で合計三五カ所あります（北海道開発局港湾空港部ホームページ）。その内訳は、特定重要港湾二（室蘭港、苫小牧港）、重要港湾一〇（函館、小樽、釧路、留萌、稚内、十勝、石狩湾新港、紋別、網走、根室）、地方港湾二三カ所です。

【図表6—6】全国の内貿易貨物取扱量

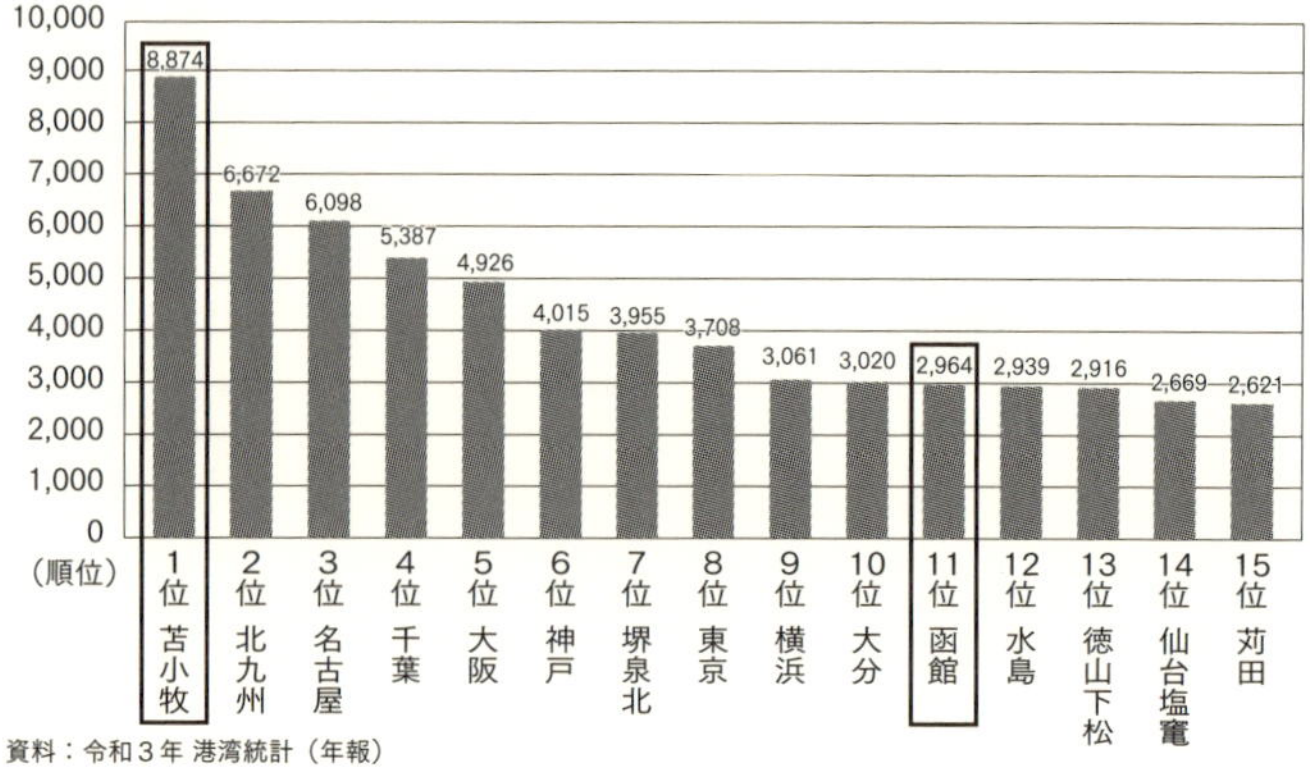

資料：令和3年 港湾統計（年報）

全国では、全体で九三二港（北海道の対全国比二・五％）あり、特定重要港湾は一八港（同八・七％）、重要港湾は一〇二港（同九・五％）、地方港湾九三二港（同三・三％）あります。

北海道には、特定重要港湾のウエイトが高いことが分かります。これらの港は、バース数をはじめとして規模も大きく、水深も一二m以上のものもあり、大型の船舶の入港が可能となっています（注6—22）。

国際物流に関しては、道内六港（室蘭、苫小牧、小樽、釧路、石狩湾新港、複合港）に外貿定期コンテナ航路が就航し、北海道の経済活動を支えています。

また、国内物流に関しては、豊富な複合一貫輸送（RORO船、フェリー、コンテナ）航路により全国へ食料供給を行っています。

こうしたことを、貨物輸送の面から検討してみます。国内の取引貨物量では、苫小牧港がダントツ第一位です【図表6—6】。

【図表6―7】全国港湾貨物取扱総量

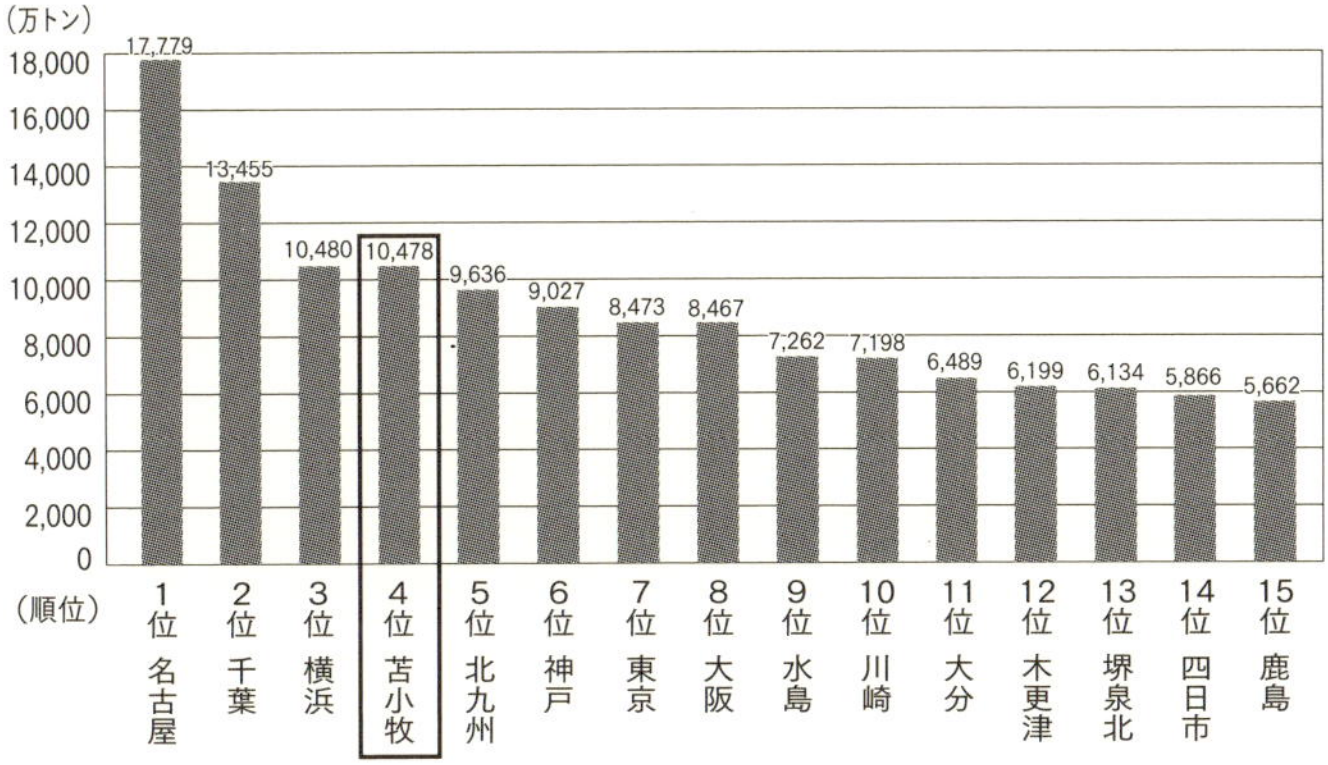

しかし、内と外の貨物取扱量総計では、名古屋、千葉、横浜などの港より劣っています【図表6―7】。

これらのことを考えると、外貿易取扱量の劣勢が浮き彫りになります。

以上の点を第3章で見た「域際収支」の問題と考え合わせると、国内の地域との取引はかなり活発化してきているが、海外との直接取引がまだまだであることが分かります。つまり、貿易収支の赤字が、域際収支を一層の改善を阻止しているということなのです。

平成一四年、日本全体では「中国特需」に沸いていましたが、北海道には、この中国の好景気が逆風となっていることが新聞で報じられました（『北海道新聞』、一二月一日）。韓国の海運会社による石狩湾新港と中国、東南アジアを結ぶ定期コンテナ航路がその年の一〇月から、石狩湾新港と韓国・釜山の航路だけに縮小されたというものです。新聞のコメントでは、中国景気の好調さがむしろ、コンテナ貨物船のチャーター料金高騰を招き、少量の荷動きでは採算がとれず、今回の航路縮小につながったようだとありました。

景気の悪いときはもとより、良いときでも、それに乗れない体質を持つ北海道を象徴する出来事であったと言えますが、特に、少量ずつ出していることの問題点が浮かび上がっているように思います。ここでもまた、道産品を束ねて大量に出していける仕組みを作る必要性を強く感じるのです。

平成一九年出版の本の原稿を書き終える直前に、一つの良いニュースが入ってきました。十勝港と釧路港、京浜港を結ぶコンテナ船定期航路の発便が十勝港に入港した、という新聞記事です。香港の海運大手と内航海運大手（神戸）が共同運航するという船は、四九九トンですが、海運代表が「十勝港が世界的な輸送ネットワークにつながった。農産物の輸送を中心に、物流の安定に貢献したい」と述べたということです。

大型クールコンテナ船の配備

以上のことから、北海道からの海路輸送は、大量に輸送可能であり、価格面でもメリットはあると考えられるものの、問題点もいくつか指摘可能です。

大型貨物船（五万重量トンを超える）が満載で入港する場合、水深一四ｍを超える岸壁（バース）が必要ですが、北海道には水深一四ｍのバースを有する港は、平成一七年一月現在で、特定重要港湾（特重）の苫小牧港と室蘭港（専用埠頭には一六・五ｍがある）、重要港湾の石狩湾新港、釧路港、函館港の五港しかありません。小樽港は一三mです。

因みに、特重の「東京港」には、水深一五mのバースが数本あって、五万トン級の船舶の相当数が一度に入港可能となっています。特重の「横浜港」には、水深一六mのバースがあり、一〇万トン級の超大型コンテナ船が入港可能となっており、現在、既に九万トン級のコンテナ船も入港しているのです。特重の「名古屋港」や「神戸港」もほとんど同様に整備されています。

したがって、北海道の場合、それほど大型のコンテナ船が入れないということから、生鮮食料品など生ものを運ぶ場合、遠距離輸送では時間が掛かって腐る心配がでてくるわけです。

ここで、速さの面からは、テクノスーパーライナー（TSL：Techno-super liner）の活用が考えられます（注6—23）。これは、最高速度が、五〇ノット（時速約九三㎞／h）、航続可能距離が五〇〇海里、貨物積載量一〇〇〇トンで、ジェット水流を後方に噴き出して前進する超高速貨物船のことです。

既に、大手造船会社がそれぞれに実験船を開発し、航海実験を行っています。実用化されると、国内航路のみならず日本と韓国、中国など近隣諸国の間の航海時間も大幅に短縮され、また航空機よりも格段に安いコストで大量に運搬でき、国際物流にも大きな変化を促すことになると見られております。

しかし、小型船のピストン輸送には限界もあります。北海道から東アジアへ生鮮食料品や加工品を直送するためには、料金、積載料からいっても航空貨物では限界があり、やはり、海路の活用となりましょうが、このとき、日数、鮮度の関係より、出来る限り大きな船で、船種は生ものを長距離輸送可能なクールコンテナ船（リーファーコンテナ船）としたいものです。例えば、出来る限り高速で大型のクールコンテナ船（できれば五万トン級）が求められます。このため道内の主要港の整備も必要となってくることはいうまでもありません。

ところで、五万トン級のクールコンテナ船の建造費は、どれぐらい掛かるのでしょうか。仮に、五〇億円と見積もってみます。これをどこから捻出するかです。

かつて大幅な減資のため債権放棄を求めたエアドゥ（資本金約七二億円、負債総額約六〇億円）には、北海道は、一七億八〇〇〇万円、札幌市五億円を融資（小計二二億八〇〇〇万円）。千歳市二〇〇〇万円、江別市一〇〇〇万円、石狩市六〇〇〇万円、恵庭市五〇〇〇万円、石狩管内町村会（当別、新篠津、厚田、浜益）二〇〇〇万円等が出資（小計四三〇〇万円）しております。

合計二三億二三〇〇万円が融資および出資されていました。そのほとんどが、債権放棄されたようです。

上記の自治体の融資や出資の状況から見て、どちらかというと道央圏がメリットを享受すると考えられているエアドゥとは違って、北海道全域の活性化を目指すコンテナ船の配置には、道、市町村がこぞって融資（または出資）する気構えが必要でしょう。もとより民間からの出資も欠かせません。特に、地方分権といっても、地方の活性化のため惜しみない国の全面協力は必須の要件であることは言うまでもありません。

こうして五〇億円は獲得可能な数値と考えております。もとより、船をレンタルする場合はこの限りではありません。

一方、中国の実態も、大変早く動いているように見えます。かつて雑誌広告における広告コピーが「WTO加盟でさらに加速する中国の物流に〝中国No・1宣言〟でよりきめ細かい対応を実現するDHL」で始まる物流企業の宣伝文句があります。中国から日本へ如何にスピーディに運ぶかが強調されています。日通なども同様に宣伝しています。

もし、日本（日系）企業や中国企業がこうした実態とするならば、この逆のルートの活用も検討可能なはずです。

すなわち、「北海道内集荷→輸出通関→空・海路輸送→輸入通関→中国国内配達」です。

こうした物流を考える場合には、現代では、先にも見ましたように企業内では「ロジスティックス」、企業間で「サプライチェーン・マネジメント」等のムダを省くビジネス戦略的観点が必要となります。

つまり、物の需給関係や在庫の調整の問題がカギになるということです。自社では、どこまでまかない得るのか、どの部分を他社と提携するのか、また、任せるのか、といったコスト計算も必要となります。輸出先国の市場状況や物流システムのあり方を十分勘案することになるのは言うまでもありません。

北海道としては、大量に運んでいくことを考えている関係で、海路を利用することとなるでしょう。したがって、少なくとも輸出先国の港まで運んで行くことを念頭に置かねばなりません。そこから先は、日本の商社か、中国の商社にまかせるか、企業進出を図るか、その場合でも独資か合弁かを判断しなければならないわけです。

いずれにしても、北海道を出荷してから当該国の人々への販売、宣伝までの一貫した体制を整えねばならないということで、こうした点に対しての徹底的な情報収集も欠かせません。

直ぐに市場浸透できるとは考えていない

もとより、巨大市場だからといって、また、道産品購買の素地が高まっているからといって、即、道産品市場が拡大するとは限りません。実際に、市場侵入を果たすまでにはいろいろな障害や幾多の困難が立ち塞がっていると考えられます。

川端基夫教授はアジア市場には、二つの幻想があると言っております（『アジア市場のコンテキスト―東アジア編―』、新評論、平成一八年）。一つは、流通に対する幻想で、例えば、中国における小売業では、リベートの要求度が高いことがあげられています。つまり、激安競争による利益縮小をメーカーや卸に対するリベートで補う体質があるということです。小売業はリベートで稼ぐとも言われております。したがって、販売を中国の大手小売業に任せられないという状況も認識しておかねばならないかもしれません。その結果、自前の店舗を持つ必要も出てきます。

二つ目の幻想は、巨大消費市場は中国全土おしなべての消費ではないということです。一様な消費市場ではないということです。地域によっても、地方によっても人々の購買の仕方が相違しています。これを「巨大市場のモザイク性」と呼んだりしていますが、したがって、高級で高価格の品をどこで販売するかも重要な課題の一つになります。仮に、自前の店舗を持つにしても、どこへどのような店舗かについても十分な検討が必要ということです。

それに、もう一つの重要な点は、収入が増大しているからと言って、何でも購買が増えるかというとそうでもないのです。欲しいモノは収入の増減にはあまり関係ないのです。また、「見せびらかしの消費」も盛んだと言います。このため、当該進出予定地域の詳細な消費者行動分析が欠かせないことになります。

こうして、実際に東アジアに市場浸透が図られるまでには、多くの学習経験や研究時間が掛かると思われます。幕末の大野藩でも改革の断行開始から、実際に自前の店舗を持つまでには、一三年間掛かっております。順調にことが運び出すまでにはそれ相当の準備期間が必要ということでしょう。北海道経済活性化を推進させるためには、それなりの覚悟と道民特有の粘り強さが必要と言うことです。

提言1のまとめ

提言1で示された北海道経済活性化についての筆者の考えをまとめてみますと以下のようなものになります。七点あります。

1. 現在でも、北海道にはよいもの（道産品）がたくさんある。
2. 作り手は作ることに専念し、運び手は運ぶことに専念する、売り手は売ることに専念できるような仕組みを作らねばならない。
3. 全産業の活性化のため、道産品を出来る限り遠くへ運ぶ必要がある。
4. 道産品の市場は、海外、特に東アジアにある。
5. 東アジアへ持っていき、さらに採算性を考慮するならば、道産品を全道一本で束ねて大量に移出出来るようにしなければならない。
6. 以上を達成するために、新しく商社機能を持つ組織を作る必要がある。道産品の道外・海外への移輸出を専門とする「特別目的株式会社」（略称、「北海道株式会社」）の設立である。
7. 物流には海上輸送を活用する。

第6章提言1の注と参考文献

（注6—1）アルバート・O・ハーシュマン著（小島清監修・麻田四郎訳『経済発展の戦略』、巌松堂出版、昭和三七年（一九六二年）。

（注6—2）W／R比率（Wholesaler-Retailer ratio）は、流通迂回比率ということもあるが、一般に、｛一国の卸売業総販売額／一国の小売業の総販売額｝であらわす。流通過程において中間に介在する業者が多くなると流通マージンが嵩み、結果としてこの値が大きくなると考えれることから「流通の多段階性」を示す指標として用いられる。特に、商業関連の国際比較を行うに際して、日本の流通構造における多段階性を指摘することに用いられてきた。例えば、一九八〇年代半ばの統計で国際比較すると、（各国の統計の取り方が異なっているので厳密には比較できないが）日本が四・二と西ドイツ一・八、米国一・九、フランス一・六などと比べ二倍以上となっていた。当時の日本製品の高価格体質は、高流通コスト（高価格）すなわち、流通の多段階性に大きな原因があると分析されていた。ただし、本書では、小売業との関係で卸売業の劣勢を示す指標として用いている。

（注6—3）ファブレス（fabless）とは、電子回路の設計だけを行い、製造工場をもたない半導体メーカーのことであるが、「ファブレス経営」（fables business）とは、生産設備を持たず、自社で独自に企画・設計した製品を他社に委託して生産すること。

（注6―4）大江戸歴史散歩を楽しむ会「大名164城主の石高と序列（1）（2）（3）」（嘉永年間（1848～53）の石高による格式と序列）：(https://wako226.exblog.jp/240289792/ -)（二〇二四年三月三〇日閲覧）

（注6―5）岩手県産株式会社のホームページ：(https://www.iwatekensan.co.jp/)。

（注6―6）リチャード・L・ダフト（Richard.L. Daft）著（高木晴夫訳（二〇〇四）『組織の経営学』、ダイヤモンド社、p.9。

（注6―7）沼上　幹（二〇〇三）『組織戦略の考え方―企業経営の健全性のために―』、ちくま新書、p.124。

（注6―8）NPOホームページ（内閣府／国民生活局）(https://www.npo-homepage.go.jp/)（二〇二二年六月一八日閲覧）

（注6―9）Found Press「特別（特定）目的会社とは」：(https://univis.co.jp/fundpress/spc/)（二〇二二年七月二五日閲覧）

（注6―10）吉原久仁夫（二〇〇四年）「東アジア地域入門講義録2」

（注6―11）経済産業省「通商白書二〇〇四」

（注6―12）篠原三代平（二〇〇六年）「BRICs経済テークオフのマクロ的解明（Ⅱ）中国の場合」『ECO-FORUM』、Vol.24, No.2, February.

（注6―13）渡辺利夫編・日本総合研究所調査部環太平洋研究センター（二〇〇四年）『東アジアの経済連携の時代』、東洋経済新報社、pp.56-57.

（注6―14）　ＪＭＲ生活総合研究所（二〇〇四年）（http://www.jmrlsi.co.jp/menu/global/01jck/01jck_00.pdf）

調査の要約・調査時期　２００４年7月。

調査対象　20～25歳男女個人

サンプル構成　男女年代毎均等割付

有効回収数　日本　一〇九八、中国五一九、韓国五〇〇

調査地域　日本（全国）。

中国（北京、上海、広州、成都）、韓国（ソウル、釜山等）。

（注6―15）　寺島実郎（二〇〇四年）「変わる世界と日本の針路（上）―中国に依存する日本・巨大な消費社会が浮上―」『生産性新聞』（(財）社会経済生産性本部）、二〇〇四年六月二五日。

（注6―16）　「中国人のライフスタイル調査」『週刊ダイヤモンド』、２００４年4月24日号、pp.100-101.

（注6―17）　「中国で市場開拓―ペット飼育増加見込む―」『日経流通新聞』、2004.7.1.

（注6―18）　Ａ・Ｐ・Ｊ．アブドゥル・カラム＆Ｙ・Ｓ・ラジャン著（島田卓監修）（二〇〇七年）『インド２０２０―世界大国へのビジョン―』、日本経済新聞社。（A.P.J.Abudul Kalam with Y.S.Rajan（1998）、India 2020: Avision for the New Millennium、Penguin Books India Pvt Ltd.）

（注6―19）　「日本企業インドで拡充―工場や営業拠点―」『日本経済新聞』、二〇〇四年一〇月二日付。

（注6―20）　北海道運輸局監修（二〇〇一年）『数字でみる北海道の運輸』、（財）北海道陸運協会、pp.70-71.

（注6—21）津守貴之（一九九七年）『東アジア物流体制と日本経済—港湾機能の再配置と地方圏「国際化」—』、御茶の水書房、pp.140-142.

（注6—22）日本における一〇万トン入港可能港

（注6—23）「（次世代高速船、テクノスーパーライナー）倍速進〈航海の新幹線〉」『日経ビジネス』、二〇〇一年一二月一七日号、pp.58-62。

提言2 6-12 中心市街地に「ツドウ広場」を街づくりは市町村で

これまで見てきましたように、経済活性化の方は、道を中心として全道一本で考えますが、街づくりの方は、市町村自治体主体で取り組むべしというのが筆者の基本的なスタンスです。

高齢化の進展とともに、それと関連する問題も顕著になってきています。

内閣府が平成一九年一月に発表した「国民生活に関する世論調査」によりますと、日常生活に「悩みや不安を感じている」と答えた人は六七・六％と、昭和三三年の調査開始以来、過去最多を記録し、また、不安の内容では、過半数が「老後の生活設計」を挙げ、政府への要望も医療・年金など「社会保障改革」が急増したとあります。

こうした日本全体にかかわる問題の上に、第3章で見たような北海道特有の人口構造がかぶさって問題をさらに深刻なものにしている実態があります。

そこで、これからの北海道における個々の市町村や地域における「街づくり」や「中心市街地活性化」「商店街活性化」のために何をどうするべきかを考えてみます。

「街づくり」の問題は現在全国至るところで問題になっていますし、その中で中心市街や商店街の活性化の問題も盛んに議論されています。私もいろいろ考えさせられておりまして、いくつかの市、例えば、札幌市、室蘭市、江別市の商店街近代化計画に参画しましたし、一九年前に研究者や実務家の方々と一緒に学会（日本商店街学会）を立ち上げまして、その学会誌に論文を発表したりしております。また、地元の札幌市の「新しい街づくりや商店街活性化」の検討にも関与しました。

こうした経験を踏まえまして、現在は、「街づくり」や「中心市街地活性化」や「商店街活性化」などについて一つの考えを持つようになっております。

それは、地域の中心市街地あるいは商店街の活性化を考える際には、「街づくり」から入るべきではないかということです。早い話が、街づくりを考えることが（あるいは、街づくりを解決することが）、地域の商店街や中心市街地を活性化させる千載一遇のチャンスであると受けとめたいということです。

6-13 中心市街地も商店街も寂れている

（1）今日の商店街関係の問題

筆者もこれまで日本に固有に発達してきた地域商店街は特に高齢社会では残すべきものの一つで

あるとして、商店街の再生の道を探ってきました。それを何本かの書き物にしてきました。しかしながら、その骨子は、その都度というか経年的に変化をしてきていると告白しなければなりません。三〇年くらい前は、いくつかの個店の繁盛がやがて全体の商店街の活性化につながると考えていました。ところが、現実はその考えを覆すところが続出してしまいました。

次いで、商店街組織の改善を指摘しました。しかし、現実は改善する前に組織自体が解散してしまう事態が数多く発生してしまっています。

いろいろ考えた末、現在は、「パラダイム転換」の必要性を訴えることにしています。

商店街を「街づくり」の中核としてとらえること、そして何よりも利益を得る場所でなく、人の集まる広場とすること、つまり、「ついで買いの場所」、「憩いの場所」として位置づけることでした。

要約すると、これからの商店街は、これまでの商店街にある個店の利益を得る場所ではなく、広場に集まった人々が帰宅するとき夕餉の総菜を購入するなどの「ついで買いをするところ」という定義に変更してはどうかということでした。

平成二八年のとき、商店街についてどのような意見があるかを考えようとして、インターネットを徘徊していたとき、以下のような議論に行き当たったことがあります（平成二〇年に掲載されたものでした）。

問い：私は、「商店街があれば大型店は要らない」と思うのですが、なぜ、大型店が必要なのでしょうか。

答え：

A　商店街の存在意義

漠然としているが、昔から存在していたのは確かだ。家族経営でやっている商店が大部分なら、雇用の場にはならないだろうな。ただ、大型店に比べて小回りの利く商品販売ができる可能性はあるだろう。それにある程度の集客をしていると大型店の競争相手にもなりうる。そうなると大型店はよりいっそうサービスに励むだろう。地域に二つ程度の大型店だけになったら、自分たちのいいように商売することもできるんじゃないか。地場産業を取り込まないなら。つぶれるときは影響が大きくなる。

B　**大型店があれば、商店街はいらない**

消費に差し支えないならどれでも良いだろう。商店街は地方では市街地に一致している。それがなくなると寂しいだろうな。閑散とした地方市街地だろう。祭りなどの行事には、商店街に自由に時間を裁量できる人が多いほど、まつりごとに時間を割ける人も多くなるというものだろうな。

考えてみれば、少し前までは、こうした議論が活発でした。現在はどうか。

商店街の活性化については、これまでハードとソフト面から論じられてきました。ハード面からは、中心市街地の活性化や都市計画との関連で道路整備や街路灯設置などが実施されて来ましたし、ソフト面からは、「商店街組織の形骸化」や「商店主の高齢化と後継者不在」に如何に対応するか、を中心に検討されてきています。

依然として、商店街活性化問題は議論途上にあります。しかし、全国的に商店街の勢いがなくなってきているという現状においてです。

基本的には、自然発生的に生まれ、買い物の場や祭りなどまちの活性化の主役として多大の機能を果たしてきた日本の商店街は残ってほしいということから、いろいろの考えの下、経済産業省（経産省）、国土交通省（国交省）あたりの政策でも各種の手が打たれてきています。

（2）商店街再生にどのような手が打たれて来たか

平成一〇～一二年に成立した、「中心市街地活性化法」、「都市計画法」、「大規模小売店舗立地法」からなる法律が、平成一八年に一部改正しました。中心市街地の活性化を目的に制定され、国が自治体に財政支援したり、大型店が立地できる地域を制限したりしています。しかし、一八年の改正後も市街地の高齢化や空洞化が止まらないため、再び改正をすることにしました。

制度の主な改正点は、街づくりを検討する市町村と商店街店主らが共同で開く協議会の権限を強め、決めたことを着実に行動に移せるようにする。大型小売店も会議に参加したり、地域貢献を求められる方向です。

市街地内で集客力のある大型店が急に閉店すると打撃が大きいため、閉店する際は事前に市町村に連絡することを求め、対策を検討する仕組みも検討しています。

6-14

一冊の本、『商店街はいま必要なのか』

(1) 商店街は滅びるのか

筆者は、平成二四年の『商店街研究』に新 雅文著『商店街はなぜ滅びるのか―社会・政治・経済史から探る再生の道―』(平成二二四年)の本を取上げた論考を発表しました(注6―24)。

その本の帯に、若手評論家として売り出している中島岳志氏「未来を見据える画期的な一冊だと絶賛!」、社会学者の上野千鶴子氏「虚を衝かれた。古いはずの商店街は実に新しかった。そして滅びにはそれだけの理由がある? 再生のための必読の書、で推薦!」と書かれていたからです。

最初は、商店街は滅びるのが当然だということについて、いろいろ理屈をつけて書いているのかと思っていましたが、結局、筆者とほとんど同じ考えであることにとりあえず安堵しました。

また、あるとき本屋めぐりをしていましたら、『商店街はいま必要なのか』というテーマの本が出版されていることに気が付きました(注6―25)。これまた、結局、商店街は必要ないもの、という内容かもしれないと読んでみることにしました。すると、この本の著者満薗 勇氏は、結論として以下のように述べています。

消費者のために、安く、便利に……。しかし、そもそも人は消費者としてのみ生きているわけではなく、「消費者の利益」を追求することは、それ自体として、ただちに万人の幸福を約束するわけではない。本書から見えてきたのは、このような、考えてみればごく当たり前とも言えることです。それではいったい、「消費者」とは誰のことであり、「消費者の利益とはどのような「利益」なのでしょうか？

こうした問題を念頭に置きつつ、小売革新の展開が私たちの暮らしを豊かなものにしてきた歴史しっかりと見据えながら、改めて、地域社会のありようや人びとの働き方の視点を含む、トータルな人間としての「生活」をどのようなものと考えていくのか。「商店街はいま必要なのか」という問いに答えを出すのは、このような議論を積み重ねてからでも遅くはないと思います。消費と労働と地域を結び合わせる「生活」が、いま、問われています。

内容的には、そう辛辣なものではない実に穏当なものでした。しかし、ここで述べている、

近年のさびれゆく商店街の状況と、「まちづくり」による活性化の難しさは、消費の論理と地域の論理が接点をもちにくい「いま」の流通を照らしています。商業機能と結びつかない形で、どんなコミュニティ活動に力を入れても、それは真の意味で商店街を活性化させることにはならず、「まちづくり」が商業機能と結びつかないのであれば、商店街というコミュニティの形にこだわる理由も見いだせません。

江戸：駿河町・三井呉服店（現三越）前の人通り（「江戸名所図会」より模写）
石田綽男氏作図

筆者にすれば、「消費の論理と地域の論理が接点をもちにくい今」だからこそ、「まちづくり」や「まち興し」問題があり、それらの「融和」を図るべくさまざまな工夫がなされてきているのだと考えています（黒田重雄（平成一四年）「商店街の機能に関する一考察―ふれあい広場の導入―」『商店街研究』（日本商店街学会会報）、No,16、pp.1-10)。

ここに、中小企業庁が平成一六年に出した統計があります。全国の商店街に調査した結果、「停滞または衰退している商店街」が九六・六％に達しております。「繁栄している」と答えたのは二・三％に過ぎません。大体がうまくいっていないと答えている状況です。

確かに、汽車で道内を回ってみて感じるのは、かつて繁栄したであろう駅前商店街がなくなっているか、すっかりさびれていることです。古ぼけた店は並んでいますが、人の往来は、ほとんどありません。代わって郊外の方には、車で買い物に来る新しい店（ロードサイド・ショップ）が続々出現しています。

こうした場合、駅前がさびれていることは、誰が見たって、その街全体のさびれを象徴しているように感じてしまいます。

こうなったのは、街中や郊外に大型店やショッピングセンターができたからか、瀟洒なロードサイドショップが出現したからなのか、また、消費者にとってマチの店や商店街が魅力をなくしたからなのかは分かりません。とにかく、中心市街地や商店街ににぎやかにして、マチの活性化を図る必要があるということだけは感じます。

このさびしい状況を国も黙って見過ごすことができないと、さまざまな政策的措置を施そうとしています。最近話題の、「まちづくり三法」である、「大規模小売店舗立地法」、「中心市街地活性化法」、「改正都市計画法」がそれです。これらの法的措置によってマチがかつてのように活性化できるかどうかは今のところ未知数です。基本的には、市町村自治体が地域の実情にあった街づくりをするために、如何にこうした法律を活用するかに掛かっているということではないでしょうか。

（2）補助金を使って見栄えはよくしているが？

一方では、これまで実施されてきた国の活性化策における補助金や貸付金を活用して、素晴らしく整備された駅前や中心市街地や商店街を目の当たりにすることがあります。

一度、帯広に用事がありましたので、L駅に降り立ったことがあります。まだ、ぽかぽか陽気の土曜日の昼過ぎでしたが、あまりに駅前通りがきれいに整備されているので、驚嘆してしまいました。ところが、人通りは全くありませんでした。犬が一匹歩いていました。

たまたまではないか、と喫茶店（店内には客が一人もいなかった）に入って聞くと、店主は、日曜日も含めていつもこうです、と言うことでした。その後、帯広にでてタクシーに乗ったとき、運転手は、「あそこら辺の農家は金持ちが多いらしいですよ、一戸当たり五〇〇〇万円の預金が農協にあると聞いています、ただし、そのカネを本人に見せてもらっていないので、実際に自分が持っているという実感がなく、皆ただひたすら働いているという話ですね」と言っていました。

十勝地方は、言わずと知れた北海道有数の農業地帯です。ジャガイモ、長イモ、豆、砂糖の原料となるビート、酪農から生まれる牛乳・乳製品など、おいしいものには事欠きません。前述しました京都の「いもぼう」、伊勢の「赤福」、日光名物まんじゅうのアンなど全国的に有名な商品の原料・素材はここで収穫されたものです。

ずいぶんと裕福な地域なのだなと感じましたが、あの中心街の状態は一体全体どうしたことかを考え込まずにはいられませんでした。

L町だけではありません。全国的に、補助金を使って、マチの景観の整備、アーケードの設置、歩道や車道の整備等々をやっている市町村自治体は多々あります。しかしながら、先程の統計でも見るとおりうまくいっていないというのが現状です。

こうした例を見るにつけ、これからの地域の中心市街地や商店街の活性化には、これまでのような、アーケードや街路灯設置、歩道整備といった「入れもの、箱もの」「見てくれのよいもの」といったハード面に力を入れてもだめなのであって、ソフト面に力点をおくべきではないかと考えます。

では、ソフト面とはどのようなことでしょうか。従来、ソフト面といえば、商品の品揃えや販売・接客の仕方、商店主のやる気、商店街の組織化・連携化（共通カード化・ポイント化）といった点が主なものだったと思います。

こうした点につきましては、中小企業診断士やコンサルタント等の実務専門家による経営サイドからの指導も相当程度行われてきています。例えば、商店街の中に、新しい経営形態であるチャレンジショップとかコミュニティ・ビジネスの導入も図られてきたのも、そうした指摘によって生まれてきております。しかしながら、これらについても現状を見る限り、一部を除いて、なかなか実効があがってきていないというのが実態です。極端な話、もはや何をやってもだめではないかという諦《あきら》めムードもただよっています。

なお、中小企業庁調査で、商店主が一番何を問題にしているか、というところでは、「高齢化等による後継者難」が第一位に上がっています。昔は、「大型店進出」や「売上が伸びない」が上位を占めていたのに、現在では、後継者問題が最大の問題になっています。商店主もそれだけ高齢化していることの表れでしょう。

それでもまだ、現状打開策はあるのでしょうか。筆者としては、超高齢化社会そのものにカギはあると見ております。

6-15 北海道には高齢の一人暮らしが多い

つまり、街づくりには、一人暮らしの高齢者が多くなると言うことを念頭におく必要があるのではないかということです。

日本全体では、核世帯、つまり「夫婦と子ども」の世帯が今まで六〇%ぐらいあって、これまで中心だと思われていましたが、今は、単身者世帯が第一位になっています。つまり「多世帯」時代に入ったということです。

標準世帯というものは、なくなりつつあるということですが、北海道はもともと単身者世帯の割合が高かったのですが、現在、ますます多くなってきています。しかも、その単身者世帯は若者ではなく、高齢者が多いということなのです。

もう一つ、北海道の場合は二〇歳以上は女性が多い。そこに単身者が重なりますから、「単身」の「高齢」の「女性」、つまり、一人暮らしのおばあさんが多くなります

最近、三ヶ月も経った独居老人の孤独死のニュースが伝えられましたが、札幌出身の精神科医の香山リカさんが『老後がこわい』(平成一八年、講談社現代新書)という本を書いています。香山さんが四〇歳代のころですが、最近は結婚式に出る回数がめっきり少なくなって、それに対して葬式に出ることが多くなった。そうなった時にふっと考えてみると、独り身である自分の老後が非常に恐ろしくなってきた、と書いていました。

では、高齢者が単身になったとき、他人や近所付き合いはどうなるのでしょうか。あまり芳しいものではないようです。

日本の高齢者のふれあい実態

内閣府の調査「高齢者の生活と意識に関する国際比較調査」(平成一二年)により、日本人の高齢者の特異性が浮かび上がっています。

この調査は、昭和五六年より、およそ五年毎に行われ、調査国は入れ替わりますが(延べ一〇カ

国、日本、米国は毎回)、平成一二年度は、日本、米国、韓国、ドイツ、スウェーデンの五カ国の六〇歳以上男女（施設入所者を除く）約一〇〇〇名に対して同一内容で行ったものですが、他国に比して、日本の高齢者で「近所の人たちとの交流がない」、「友人がいない」、「情報機器を使って家族や友人と連絡をとったり、探したりしていない」（理由としては、必要性を感じないが多い）等の割合が高くでています。

また、この調査を男女別に検討した結果、日本の高齢男性の「家庭生活の中で果たす役割はほとんどなく、社会とのかかわり、生きがいもほとんどない。何もすることがなくて、楽しみは孫との話」という側面が浮き彫りになったという分析例も出されています。

そのような状態は全道至る所に出てくるので、まさに「老後が怖い」を書いた香山リカさんの言っていることが現実のものになってきているといえるのではないでしょうか。

ひとは一人では生きていけない

社会学者の加藤秀俊氏（『習俗の社会学』、昭和五三年）は、ある調査を紹介していますが、それによると、日本人の平均的な大人の場合、一三ほどのグループに帰属しているとのことです。そして、これは相当多いようにも見えますが、大学生でもすでに「家族」、「サークル」をはじめ四つや五つの集団に帰属している（また、大学生の場合、現実（リアル）な空間のみならず、インターネットなどを活用した仮想（サイバー）空間上で属している集団も入れるともっと多くなるはず）ことを考えれば納得できる数値であると述べています。

これらのことは、逆に言えば、聖職者（日本なら俗世間から離れて山に籠もった僧侶、ギリシャならメテオラの奇岩に上った聖人）ならいざしらず、日本人にとって、人間にとって人とのつながり、そして、面対面コミュニケーションなくして生きられないことの証左であるといえます（聖人も仏や神と対話しているといえるかも知れません）。

しかしながら、令和二年に始まって世界を駆け巡ったコロナの蔓延で、数年間は、人との直接対話がある程度不可能になった時期がありました。

一方で、現代は、新しいテクノロジーによる地球上の距離の恐るべき縮小を引き起こしています。とくに身近な生活空間の中に、どのように目に見えない形で、この変化が進入してきているかを考えてみましょう。

一つの状況は、人々は、次第に一人になりつつあるということです。統計的に単身者の増大がそれを示しています。例えば、スマホやインターネットを活用して行うチャットなどは、遠距離の人と顔を突き合わせることなく自由に会話を楽しむことが出来ます（したがって、これは逆に、フェイス・トゥ・フェイスで話すことが苦手となってしまうことにもつながります。その他の問題については後に検討します）。こうした若者の単身者に比して、現代では、高齢の単身者がより増大している実態があることは既に述べました。人間は一人では生きられないといわれますが、高齢社会では、当然のこととして、高齢者の一人暮らしは増える一方なのです。

また、前述した加藤秀俊氏は、人間にも動物の実験に見られる「ククーニング」(cocooning)と呼ばれる現象が起こることを紹介しています(『空間の社会学』、中公叢書、昭和五一年)。すなわち、空間がせばめられればせばめられるほど、そこで生活する個体は占有空間を仕切って防衛的になる。そしてその空間内にじっとして、他の個体に対して無関心になる。とりわけ、「公共空間」が貧困である場合、個体は、その個体空間にひきこもって、他とのかかわりを遮断する。高齢者が一人になることの問題を強く意識させる内容となっています。社会学者のソマーの「ポータブルの空間」やホールの「かくれた次元」で示されたような人と人との間には一定の空間上の距離があると言われていますが、人間には自由な広がった空間が必要なのです。

6－16 日本における街づくりの例

『北海道新聞』の社説は、平成一九年の元旦から五回にわたって、「何を変え、何を守るか」のテーマで連稿を出しており、「愛国心」、「格差と貧困」、「教育」、「集落の危機」、「生きがい」などが取り上げられました。このうち「生きがい」の項では、「生き生きくらぶ」が紹介されています。「人口七万人の近江八幡に「生き生きくらぶ」が五年間で二〇近くも誕生した。仕掛けは、家にこもりがちな退職男性を地域社会にデビューさせる「地域コーディネーター」の存在である。地域コーディネーターも退職者で、社会福祉協議会の活動で育った。相談に来る「後輩」に自らの経験を踏まえて助言する。」

高齢社会にビジネスを興し、そこにＩＴ（情報機器）を導入してマチの活性化を図っている例もあります。

徳島県上勝町で、人口は二〇〇〇人、高齢化率四七％ですが、会席料理などの飾り付けに用いる「つまもの」を生産する「株式会社いろどり」を、平成一一年に設立し、年商二億五〇〇〇万円を上げているといいます。この会社の運営にＩＴインフラを整備しビジネス活性化を図っています。平成一八年、農水省などの主催する「バイオマス利活用優良表彰」で農水省農村振興局長賞を受賞しております。Ｕターン人口も増え、若年層の人口も増加しているとあります。

地域に「ＦＭラジオ局」を導入し成功している例として、北海道稚内市の「わっぴー」がありま す。ここのパーソナリティには、八〇歳の人もいて人気を呼んでいると言います。

最近の街づくりで全国的に注目されているところは、「青森市のコンパクトシティ」や「岩手県の滝沢村における住民基点の行政改革」などです。

「コンパクトシティ」構想は、青森市の佐々木市長が実践しているもので、街づくりの方向性として、郊外へ郊外へとただ広げるのではなくて、街なかにベクトルを入れるということのようです。

青森市のホームページには、コンパクトシティについて次のように説明しています。

「住まい、職場、学校、病院、遊び場などさまざまな「機能」を、都市の中心部にコンパクトに集めることで、自動車に頼らず、歩いて生活することのできるまちのことです。本市は世界でも有数の豪雪都市で、毎年除排雪作業に莫大な経費を費やしています。その除排雪しなければならない道路の距離は、過去一〇年間で約二三〇㎞も増加しており、平成一七年度は延べ約一三〇〇㎞にもなります。これは青森市から岡山市までの国道の距離に相当します。マチが大きくなると、道路の除排雪の経費や、上下水道の整備など都市を運営する経費も大きくなります。一方で、大型ショッピングセンターや公共施設が郊外部に建設されることにより人の流れが郊外に移り、青森市の「まちの顔」である中心商店街などの空洞化が深刻な問題になっています。また、郊外開発を進めることは自然環境を破壊することにもつながります。このような問題を解消するため、コンパクトシティの考えかたを取り入れ、無秩序な市街地の拡大を抑制し、市民の皆さんの生活に必要な機能を中心部に集めた街づくりを目指しています。

コンパクトシティを実現するために、大きく次の二つの取り組みを行っています。

①中心市街地の活性化

ひとつは、中心市街地の活性化です。その取り組みとして、平成一三年に青森駅前に複合型商業施設「アウガ」がオープンしました。市民図書館・男女共同参画プラザ・生鮮市場・ファッション系店舗などが入居する「アウガ」は、年間で約六〇〇万人以上のかたが利用しています。

このアウガをはじめとする中心市街地が活気づいてきたことによって、青森駅前や新町通りなどへ足を運ぶ人も増えてきており、次第にまちのにぎわいが戻りつつあります。

②郊外の保全

コンパクトシティを実現するためのもうひとつの取り組みは、郊外の保全です。本市の市街地を取り囲む郊外には、多くの優れた自然が残されています。この貴重な自然環境を保護するため、ブナの植林などの事業に積極的に取り組むとともに、無秩序な郊外の開発を抑制することに努めています。」

また、岩手県滝沢村役場は、社会経済生産性本部の「二〇〇六年度・日本経営品質賞受賞組織」に選ばれています。滝沢村は、人口五万三〇〇〇人の日本一人口の多い村です。「行政は経営である」とする柳村典秀氏が、この村の村長に就任してから村は変わったといいます。滝沢村の経営に企業が注目し、中央官庁も学びにやってきています。「行政を経営」、「住民を顧客」とする氏の三期一二年にわたる住民基点の行政改革を行ったということです（『生産性新聞』、平成一九年二月二五日号）。

街づくりには顔を付き合わせて情報交換が原則

先ほどの大学院生の調査でも出ていましたが、これから高齢者は、ふれあいとか他の人との対話

（コミュニケーション）を求めています。しかし、コミュニケーションと言っても、単に携帯電話だの、インターネットだのといった形ではないことを強調したいと思います。確かに今、ブログやSNS（ソーシャル・ネットワーキング・サービス）が活発化していて、例えば、日本にある「ミクシィ」には八五〇万人も加入しているようですし、アメリカには日本の人口に匹敵する会員一億二〇〇〇万人というネットもあるそうです。活発にユーザー同士が、インターネットで情報交換しているところにビジネスチャンスがあると言われたりしております。

しかし、これからの高齢者は、耳も目も悪くなるし、ちょっと重い物を持つとぎっくり腰ということに苛まれてしまいます。そういう人々が新しい機器を使ってコミュニケーションしていけるでしょうか。高齢になると、考えもしなかったような身体の状態がやってきます。何とかごまかしてやっているけれども、いかなる高齢者もさまざまな身体の衰えを考えなくてはなりません。でも独りではいたくないとなると、面と向かった話し合いを望むことになります。いろいろな人とゆっくり話をしながら、情報交換しながら人生を送っていった方が良いという状態になります。もちろん、それればかりでなく、釣りやゴルフもあるかもしれませんが、大半は「ふれあい」、それも面と向かった（フェイス・トゥ・フェイスの）ふれあいを求めるようになると思うのです。

新聞の見出し「笑顔咲く、憩いの店―高齢者コンビニ〝ば・じ・る〟ー」の記事に目に留まりました（『北海道新聞』、二〇〇二年九月一五日付朝刊）。二〇〇一年一〇月に網走管内美幌町の中心部にオープンして一年経過した「高齢者コンビニ」を紹介したものです。かつて、お年寄りの憩いの場だった「びほろデパート」が閉店したのが九年前（当時）、以来、それに代わる場所が期待されていましたが、寝具店経営者が代表となって、事業母体「協同組合高齢者コンビニ」を立ち上げ、「空洞化が進む中心街の活性化にもつながる」として出店したものでした。営業は、毎週金、土曜日で、現在は町内のボランティアスタッフの支援もあり、少ないながらも黒字経営を維持しています。「ばあちゃん、じいちゃんが、るんるん楽しい」が店名の由来といいます。いろり端にある畳敷きの可動式小上がりに座り、お茶を飲みながら世間話に花を咲かせる。フロアでは、衣類や日用雑貨のリサイクル品、地元農家が納める朝どり野菜なども販売します。昼時には手打ちそばもだされます。近所の若い主婦も、新鮮な野菜をどっさり買い込んでいます（付けられた写真では、高齢者のいろりを囲む談笑の姿がある）。八一歳の高齢者の、「一人暮らしだから、寂しくなったらいつもここに来るの。みんなでおしゃべりして、おいしいおそばを食べて、あずましいのよぉ」という言葉も挿入されていました。

消費者は高齢者と特定する必要がある

以上を総合して、筆者自身は、これからの街づくりには、やや違った角度からの検討が必要な時期にきているのではないかと考えるようになりました。

これまでの地域の商店や商店街では、今までは、老若男女一般の人びとが消費者として想定されていたと思います。しかし、これからの消費者は高齢者であるとした方が良いのではないかということです。

理由の第一は、北海道における諸地域がどんどん高齢化していくということです。第二に、若者は、ほとんどの場合、車を駆って都会の商業施設や郊外のショッピングセンターを利用するようになると考えるからです。こうして、必然的に地元での買い物の主体は、商店の回りに居住する高齢者しかいなくなるということからです。

また、高齢化の進展について見ますと、六五歳以上の高齢者にも二種類あって、六五〜七四歳の「前期高齢者」と七五歳以上の「後期高齢者」に分けて考える場合があります。現在は、高齢者の五五%が前期高齢者で、四五%が後期高齢者といわれています。しかしながら、十数年後には逆転するらしいです。従って、全体の三分の一が高齢者で、そのうちの二分の一が後期高齢者とすれば、六分の一が後期高齢者となります。七五歳以上となると介護が関係してくる年齢です。寝たきりの方も入ることを想定しますと、残り六分の五人のうち誰が、彼らの買い物の面倒をみるのかも間近に迫った問題となってくるのです。

道都札幌でも商店街問題は深刻です。札幌には市場《いちば》を含めて一〇〇以上の商店街がありますが、最近の大学院生の調査によりますと、自分たちの身の回りに商店街が「ない」と答えた人は——実際にはあるのですが——全体の四割もいたという報告がありました。

都会では、商店街が回りの人々に認知されなくなりつつあるのではないかと思ったりさせられます。

そういうことで、地域の商店や商店街には、周りには高齢者しかいなくなりますし、その高齢者も冬場も長く、なかなか外に出られないので、何とかして欲しいと願っている訳です。

昔のように、出前やご用聞き、少量の配達は如何でしょうかという声があります。最近の情報では、コンビニのセブンイレブンが高齢社会になるので、出前をやらなくてはいけないと考えていると言い出しました。ローソンは魚の刺身を始めるそうです。そうなると、われわれが地元の店や市《いち》場《ば》や商店街に求めていた機能を、それ以外の店が果たしてしまう状態になりそうな気配です。では、そうした中で地元の商店街は何をしたらよいのでしょうか。何とかしなければなりません。まさに高齢社会であるがゆえにやらなくてはならないことがあるはずです。

別の角度から考えるべきというのは、以下のことです。

6-17 地域の商店街は買い物の場ではない ―「パラダイム転換」が必要―

「中心市街地」や「商店街」では、マチに如何に高齢者を回遊させるかがカギとなります。しかし、商店主自身も歳を取り、子供はよそへ行ってしまい、後継者も見つかりません。新しいモノどころか、品揃えもできず、極端な話、高齢者にも魅力のあるものがないのです。こうして、いまの商店街に人は歩いていませんし、空き店舗だらけといった状態になってしまっています。

こうした問題を解決するには、これまでの商店街に対する認識を固定観念であったとする「パラダイム転換」が必要ではないかと筆者は考える所以です。

結論的に言えば、これからの日本の高齢者にとって、ふれあいの場が必要であるとすると、商店街がその機能を果たすべきではないかと考えてしまいます。また、その機能を果たせるのは身近にあって店員とも知り合っている可能性の高い存在である商店街しかないとも言えましょう。

こうして、これからの商店街の機能のあり方として、「ふれあい広場」的要素が求められるのですが、ヨーロッパの広場のまわりに商店が張り付いていったのと丁度逆に、日本の商店街の中に「広場」を形成することが期待されるのです。

そうしたふれあいの場が中心市街地ではないかと考えます。したがって、マチの中心街が「ふれあい広場」であるという考え方を打ち出すべきであると考えるわけです。

ところで、この「ふれあい広場」という言葉については、野口悠紀雄教授が「人々が触り合う場所のイメージで気色悪い」と述べています（『「超」整理日誌』、新潮文庫、p.59）。もちろん本稿では、一定の距離を保ってコミュニケーションする広場という意味であることは言うまでもありませんが、地域に縁のある名前を工夫した方が良いかも知れません。ここでは、そうした意味合いを込めて「ツドウ（集う）広場」と呼んでおきます。

イタリアの町・シエナの「カンポ広場」（1999年9月撮影）

ツドウ広場とはどのようなものか

その「ツドウ広場」（以下、広場）の必要性を認めるとして、そのような広場は商店街とは無縁ではないかという意見もあります。しかし、ここでいう広場は、「商店街」なのであって、「商店街＝ツドウ広場」であることを強調したいのです。

では、商店街が人々に支持されるような広場であるためにはどのようなものでなければならないのかを考えてみます。

広場《ひろば》は、一般的には、都市において主として多くの人が集まるために設けられた、広く平らな場所のことです。駅前にある場合は特に駅前広場と呼ばれたりします。

写真は、イタリアのフィレンツェの近くの古都シエナの街中にある「カンポ広場」です。カンポ（campo）とはイタリア語で野原、グラウンドとか広場という意味で、イタリアの街中にカンポという場所はたくさんありますが、シエナのカンポは特別で、カンポ広場はサンマルコ広場（ベネツィア）やカンピドリオの丘（ローマ）と並んでイタリアで最も美しい広場の一つに数えられています。

観光客も含めて大勢の人々がここにやってきて憩っています。時に、イベントとして馬の競争も行われます。

一六世紀、安土桃山時代に来日し布教活動を行った宣教師ルイス・フロイスの記録『ヨーロッパ文化と日本文化』の文中に、以下のような記述があります。

「ヨーロッパでは人々は広場や街路で人と交わり、また休息する。日本人は〔人と交わり、また休息するのは〕家の中だけで、街路はいつも道を歩くだけである。」（訳者脚注・ヨーロッパの都市には早くから広場や、公園が発達し、市民の友交や休息の場となっていた。日本の都市ではそのような公共の場所はなかった。）

（ルイス・フロイス（岡田章雄訳注）『ヨーロッパ文化と日本文化』、岩波文庫、平成一七年、p.187.）

ヨーロッパにおいては、古代ギリシャの時代から都市に計画的に配置された広場がありました。歴史的に都市住居が密集化しているため、教会や宮殿、市場などの前に一定の空地を確保し、政治的に重要な儀式を行ったり、コミュニティの中心機能を持たせたようです。現在でも祭事のほか、民間の各種イベントにも使われているようです。

大昔のギリシャにはアゴラという広場がありました。ギリシャ人は非常に議論好きで、昼間から、男の老いも若きも広場に集まって政治談義を中心に話し合って、疲れたら帰る。その時に、周辺にあるいろいろな店を利用して、買い物をして帰っていく。こうして、当時の買い物は男の役割だったといいます。近世ではイギリスのコーヒーショップやフランスのサロンなどが、議論をする場として始まったと言われています。

この筆者の私は、そういった人とふれ合う場が街の中心に必要だと思います。ですから、これからの商店街はモノの売り場という考え方ではなくて、「ついでに買い物をしていく場」という位置づけが必要なのではないかと考えます。

街づくりの根幹は、地域の人々が、例えば、これからの残された人生を如何に豊かに有意義に過ごしていくかといったテーマを共有しながら、地域のふれあいやコミュニケーションが活発に行われるようになるということでしょう。となれば、街づくりの中心的役割を果たすことになるであろう商店街は、「売り場ではなく、憩いの場である」という位置づけが必要なのではないかと思うのです。

ここに例えば、地産地消やコミュニティ・ビジネス、チャレンジショップなど新しい機能を持ち込むことは可能です。コミュニケーションを行う際の話題になりますから。また、議論に疲れたらついでに何か買って帰る場が商店街である、つまり、「ついでに買い物をして帰る商店街」という位置づけもほしいということです。

さらに、空き店舗は、集会場や役場ないし役場の出先機関で埋めます。マチの中枢機関を持ってきましょう。産学官の知恵を絞って、マチ中の人も郊外に住む人も、できる限りそこに集まれるように工夫しましょう。そのため、ふれあいパスも配置しましょう。こうした広場を作ることに関しては、市町村自治体が積極的に関与していく必要があります。

一方、商店街の中に高齢者の働き場所も提供する必要もあります（例えば、経験談を語り合う機会を設けて、話した人には、僅かでも手当てをつけます）。やって来る人が高齢者であれば、商店街の人は高齢者の方がよいということで、後継者問題にもそれほど悩む必要はなくなるでしょう。

客が地元の高齢者と言うことであれば、店側にとっても後継者を考える必要がないかも知れないというメリットもあります。

そんなことばかりやってられない、となるかもしれませんが、筆者の考えでは、市町村自治体は今までやっていた経済活性化という大問題を解放されていますので、そちらの方に専念できることになるはずです。

提言2のまとめ

筆者の考える「街づくり」のポイントをまとめて示しておきます。

1．経済活性化が全道一本ならば、街づくりは市町村自治体が中心的役割を果たす必要がある。

2．箱ものづくりから人々の「しあわせ感」を重視する方向に切り替える。すなわち、ハードからソフトへの考え方。
3．街が超高齢化していくことから、それに見合った中心市街地や商店街を作っていかねばならない。
4．街づくりには、今までの考え方を一八〇度転換する、「パラダイム転換」が欠かせない。つまり、商店街はモノを売るところではなく、ふれあいの場（ツドウ広場）であるという認識に立つことが重要となる。
5．中心市街地は、このような「広場」として衣替えした方がよい。

第6章提言2の注と参考文献

（注6―24）新　雅史（二〇一二）『商店街はなぜ滅びるのか―社会・政治・経済史から探る再生の道―』、光文社新書。

（注6―25）満薗　勇（二〇一五）『商店街はいま必要なのか―「日本型流通」の近現代史―』、講談社現代新書、pp.288-290。

おわりに

一般には、北海道の産業構造では、第二次産業の劣性と第三次産業の肥大化がいわれています。そのことから、今日の北海道経済の停滞の原因として、とりわけ、製造業・鉱工業部門の不活性化が取り上げられています。

全道一円、モノは豊富にあります。日本全体では、食料自給率は、カロリーベースで四〇%程度ですが、北海道は二〇〇%以上です。

食料の大部分が道内消費に回されていますが、それを道外・海外に持っていく発想が欠かせません。

北海道の産業遺産を考える場合、明治期に入って、水産業の衰退が言われていますが、明治期以前まで栄えた、北前船など流通産業の再興を目指すべきだと思います。

北海道は、なぜ物資を外に出す力が弱いのか。それは、歴史に関係しています。

おそらく、幕末期の藩政と明治初期の開拓使の経済政策に起因していると考えられます。屯田兵制度などのよる北海道開拓の在り方とつながっています。これは、内向きの開拓であり、外向けにはつながらなかったということです。

北海道開拓の3本柱といえば、開拓使、屯田兵、開拓会社ということになりましょうか。そして、彼らによって北海道のパイオニア精神は生まれたのだという説が一般的です。

ここに、NHK世論調査所がまとめた『日本人の県民性』（一九八〇年）という調査報告書があります。それによりますと、四七都道府県の比較で浮き彫りにされた「北海道人の特性」が四点にまとめられています。すなわち、

①しがらみがない、②宗教心がない、③男女平等意識が強い、④競争心がないであり、全体として自他共に認める「おおらかさ」の気質である、とされています。

われわれも、この分析結果にはつい納得してしまいます。つまり、厳寒の荒々しい原野を切り開くには、出身地のこだわりを捨て、人を押しのける心根を捨て（競争心があってはだめ）、皆分け隔てなく老若男女一致団結する、つまり多くの人々の協力があってこその北海道開拓であったに違いないということです。したがって、それらの伝統を「どさんこ気質」として子孫たちは受け継いでいるはずだ、と日頃考えていることと一致するものがあるからです。

この「どさんこ気質」は、開拓魂の代名詞として時に「パイオニア精神」と呼ばれ、新しいものに挑戦するときの精神的バックボーンとしても活用されています。

一方で筆者は、当初は札幌市域の開拓や開発も中央区や琴似、白石などほぼ全域にわたって開拓使の計画に沿った屯田兵や開拓社の募集に応募した人たちによって行われてきたと考えていました。

要するに、われわれの頭の中では、単独での開拓などはできなかったと考えているということです。つまり、個人で北海道くんだりまで開拓にやってきて成功した人がいることは端から捨ててしまっている感があったということです。

実際はどうだったのか。確かに、多くの人々の協力は必要であったと思いますが、その開拓に協力する人は開拓者たちその人でなくてもよいのです。たとえば、お金さえあれば、多数の人夫を雇うこともできたはずだからです。

考えてみれば当然のことですが、開拓・開墾といえども結局は個々人の力が前提ということです。実際に調べていくうちに、宗教心や競争心もあり、しかも独立進取の気性に溢れた個人が開拓に携わっていましたし、そうした個人の創意工夫によって大きく開拓されていったところが存在していることが分かってきています。

特に、寒冷地のため屯田兵にも禁止されていたが、後にその重要性に鑑みて明治二〇年代入って解禁された米作を、札幌で初めて成功させたと考えられるのは、これら個人の開拓者たちでした。

こうしたことから、筆者としては、「北海道という鬱蒼たる原野（の開拓）は、今日いうところの「常に新しいことに挑戦する〝企業家精神〟（アンテルプルナールシップ）に満ちた人々の活躍場」として見る観点が、これまでは、やや欠落していたのではないかと考えるようになっています。

北海道開拓の代表的な人に開拓団を組織した依田勉三がいますが、彼は静岡県で北海道開拓のために作った「晩成社」を率い、帯広市を開拓して、「帯広開拓の父」と称せられています。

明治一六年五月、前年の一月に結成した「晩成社」の依田勉三ら一三戸二七人が下帯広村（帯広市）に入植しました。ただ、運悪く、入植地にバッタが襲来し、出鼻をくじかれたといいます。物心両面で、壊滅的なダメージを受けたことで、晩成社の意欲的な試みは、奮闘むなしく〝敗退〟した、とあります。

これに対して、単独で開拓することは無謀な業と考えられることをやり遂げたのが、明治一〇年に札幌にやってきた上島　正（かみじま　ただし）という人物です。

上島　正（以下、上島）といえば、札幌歴史資料館の「札幌の歴史を築いた先人達」として黒田清隆や新渡戸稲造などと一緒に名前の挙がっている四六名中の一人です。その功績は「花園・東皐園」を作った人、「札幌諏訪神社」を創設した人とありますが、調べていくうちそれ以上のことを成している人だということが分かってきました。

彼は、信州信濃の上諏訪（長野県諏訪市）の武家の出です。諏訪の譜代高島藩の普請奉行を勤める嫡男でしたが、一七歳で江戸へ出て江戸・明治期の激動の中、脱藩を決意し、その後、町人になったり、行商人になったり、と職をいろいろ経験しております。

上島は、三九歳で札幌にやってきましたが、職を転々とするうち、明治四年に地租改正があったので測量士になったことが札幌へ来るきっかけとなりました。弟子に札幌出身のものがいて、札幌についての話に興味を持ち、一人で札幌にやって来たのでした。早速お手の物の札幌周辺の測量を行っています。

ところで、そのころの屯田兵の食する米は、東北地方から移入されていました。つまり、米は屯田兵が作れなかった作物でした。屯田兵が作ると罰則もあったと言います。

ときに東北地方に不作の年があり、コメ不足が起こっていましたので、上島は、当時必要性の増してきていた米作りをやってみようと考えます。しかしながら、役人から個人で出来るわけがないと猛烈な反対を受けています。

つまり、当然一般の人が米作りなど出来ない業と考えられていました。札幌で米作りのゴーサインが出たのは明治二〇年代に入ってからとなっています。

しかし、上島は来札した年に高橋某とともに役人の反対を押し切って米作りに果敢に挑戦し成果を出しました。その成功で郷里の人たちにも分かち与えようと明治一五年上諏訪へ戻り、大勢（三〇名以上）の人々を連れてきました。来た人たちは皆それぞれ単身ないし家族持ちでしたが、郷里の土地、家屋、家財道具一切を売り払い、持参した金子も現在の貨幣価値に換算して六〇〇万円から一〇〇〇万円であったと言います（上島の日記より）。これだけの金子があれば、広い土地をただ同然で開墾すること、そのための多くの人夫を雇うことができたはずです。

彼等のうち、ある者は市内の土地を買ったり、養蚕をしたり、果樹園など農業や酪農をしたりと多様な事業を始めていますが、そのうち比較的資金の乏しい八名が厚別地域（現・札幌市厚別区）の開拓に入ったのです。隣の白石地域にはすでに宮城県からの屯田兵が入植していましたが、白石の人々からは厚別は、鬱蒼たる原始林で泥炭地であり、とても開拓には適さないところと見なされていたのではないかと思われます。しかし、そこで厚別入植者たちは上島のアドバイスがあったからでしょうが、殆どがいきなり米作りを始めて成功しています。彼等はそこを「信濃開墾地」と呼び、「北海道信濃會」を作り、いろいろなところに郷里の名前「信濃」を冠したというわけです。

明治四五年に道庁から出された資料には、長野県出身で「顕著なる移住者及び企業者」として上島のほか、札幌村で玉葱栽培の武井総蔵、札幌区で果樹栽培の宮坂坂蔵、圓山村で農業と園芸の藤森銀蔵、資力乏しいなかで開墾に従事し艱難辛苦の末資産家となった白石郡厚別村（当時）の河西由造等の名が挙がっていますが、これら大部分の人は上島が連れてきた人々です。

札幌の開拓には、屯田兵（または、兵役を終えた人たち）でもなく、開拓社の求めに応じたのでもなく、そして故郷では特に貧しかったわけでもなく、単純に自己の意志という形で来ていた人が大いに貢献しているということを改めて知らされるのです。しかも、厚別では、畑作や酪農でもなく、申し合わせたように一斉に稲作（米作り）を始めています。

ここで重要なのは、札幌の発展の陰には厚別のみならず、札幌全域にわたって上島に同行した人々の功績があったと考えてもあながち間違いではないと思います。

もう一つ重要なのは、単独で成功した者たちも、作った物資を道外・海外に出していく、いわゆる移輸出に関しては、頭になかった言えそうです。

北海道は、かつて道外はもとより海外との物資の取引は盛んでした。アイヌ文化時代、北前船の往来がありましたが、それが明治時代を境に衰退してしまいました。

一方、明治期以降の交易の不活発化については、筆者としては、ペリー来航に始まる幕政によることの方が大きいと考えています。

現状打破の考え方は、観光のみではないのです。むしろ道産品の移輸出の活発化の方を優先すべきです。その場合、物資（貨物）を運ぶということになると、産業としては、流通業（商業）と運輸業になります。したがって、モノを取り扱う産業、流通産業（商業、運輸業）の活発化が必要なのです。

実際に、北海道をどうするかについては、これまでも多くの人や団体が提言してきています。日本全体が景気の良いときも悪いときも、北海道は、日本の中で相対的に景気の悪い方に位置してきたと言えます。こうしたことが不断にどうするかの議論を巻き起こしている最大の理由と言えそうです。

とにかく、北海道には優れた素材・製品があふれているのに、市場へ売り込み方が弱いため今一つ捌けないでいます。国内での売上が見込めない今日、これからは道産品の海外への売り込み（輸出）が必須となります。そして、海外、なかでも東アジアや南アジアの巨大市場に、どのようにして道産品を持っていくかが大きなカギを握っていると思います。

北イタリアにおける職人がモノづくりに専念し、海外への販路拡大はコーディネイト企業が代行するというような仕組みづくり（これをマーケティングでは「ファブレス経営」という）を北海道でも実践しなければならないのです。

繰り返しになりますが、北海道は、地域経済活性化のために、もっぱら外国への輸出志向の「商社機能」を有し、「特別目的株式会社」としての組織特性を持ち、企画・販売を専業とする「北海道株式会社」を作る必要があるというのが筆者の考えです。

筆者がこの本を執筆中に、内閣府・国家戦略特区のホームページで、令和六年六月二六日「北海道を新たに国家戦略特区に指定」、また、北海道と札幌市を、「金融・資産運用特区に指定」したことが報じられました。戦略特区の指定で可能になる規制緩和を生かし、脱炭素化に向けたGX（グリーン・トランスフォーメーション）関連の資金や人材を道内へ呼び込むことができるとあります。

これは、「北海道株式会社設立にとっても、朗報と受け取ることができるように思います。

以上を一口で表現しますと、「北海道をマーケティングする」となります。

筆者はこれまでも、北海道経済活性化や商店街活性化・中心市街地活性化等について考えたことを、日本商業学会や日本商店街学会、北方マーケティング研究会、日本経営士会北海道部会などで研究報告したり、また、それぞれの学会誌や北海道大学や北海学園大学などの紀要に公表してきております。

夕張の財政破綻をきっかけに、研究者以外の人々にも筆者の考えを理解してもらいたいと考えるようになり、出版することにしました。こうした拙書に対して、大方のご批判、ご叱正を頂ければ幸いです。

本書を出版するに当たってはいろいろの人にお世話になっていますが、特に、中西出版の岸上祐史部長と永杉有紀さん、そして特に、神保　冴さんには校正や修正で頑張ってもらいました。ここに記して感謝します。

最後に、戦後のどさくさから立ち上がり、農作業を中心に一家を支え続けて、九五歳の天寿を全うした父武雄とそれを支え続け、九六歳まで生きた母きよに本書を捧げたいと思います。

黒田重雄の略歴等

　　　　北海道恵庭市生まれ。
1965年　小樽商科大学商学部卒業。
1967年　一橋大学大学院経済学研究科修士課程卒業。
1970年　一橋大学大学院経済学研究科博士課程修了。
1982年　北海道大学大学院経済学研究科教授
　　　　（経営学博士、北海道大学名誉教授）。
2003年　北海学園大学経営学部教授
　　　　（兼北海学園大学大学院経営学研究科教授）。
2010年　北海学園大学開発研究所特別研究員となり現在に至る。

≪専攻分野≫

商学、マーケティング、市場調査論。

≪主要業績≫

（単著）

『消費者行動と商業環境』、北海道大学図書刊行会、1982年。
『比較マーケティング』、千倉書房、1996年。
『北海道をマーケティングする』、北海道新聞編集局、2007年。
『マーケティング学の試み―独立した学問の構築を目指して―』、
白桃書房、2020年。

（共著書）

『現代マーケティングの基礎』、千倉書房、2001年。
『市場志向の経営』、千倉書房、2007年。
『現代マーケティングの理論と応用』、同文舘、2009年。
『わかりやすい消費者行動論』、白桃書房、2013年。

その他、共著書、論文（研究ノート）など多数。

新版

北海道をマーケティングする

発　行　　2024年11月 8 日
著　者　　黒田重雄
発行者　　林下英二
発行所　　中西出版株式会社
〒007-0823 札幌市東区東雁来3条1丁目1-34
TEL 011-785-0737　FAX 011-781-7516
印刷所　　中西印刷株式会社
製本所　　石田製本株式会社

落丁・乱丁本はお取り替えいたします。

ISBN978-4-89115-440-0